Guia HBR

Elaborar um Plano de Negócio

TÍTULO ORIGINAL
HBR Guides to: Building Your Business Case

AUTORES
Raymond Sheen e Amy Gallo

Direitos reservados para Portugal por

CONJUNTURA ACTUAL EDITORA
Sede: Rua Fernandes Tomás, 76–80, 3000-167 Coimbra
Delegação: LEAP CENTER – Espaço Amoreiras
Rua D. João V, n.º 24, 1.03 – 1250-091 Lisboa – Portugal

TRADUÇÃO
Miguel Freitas da Costa

REVISÃO
Inês Castelhano

CAPA
FBA, sobre capa original da Harvard Business School Publishing Corporation

PAGINAÇÃO
Aresta Criativa – Artes Gráficas

IMPRESSÃO E ACABAMENTO
Papelmunde
Março 2020

DEPÓSITO LEGAL
468526/20

ACTUAL | GRUPOALMEDINA

Biblioteca Nacional de Portugal – Catalogação na Publicação

SHEEN, Raymond, e outro

Elaborar um plano de negócio / Raymond
Sheen, Amy Gallo. – (Guias HBR ; 15)
ISBN 978-989-694-493-3

I – GALLO, Amy

CDU 005

Guia HBR

Elaborar um Plano de Negócio

TÍTULO ORIGINAL
HBR Guides to: Building Your Business Case

AUTORES
Raymond Sheen e Amy Gallo

Direitos reservados para Portugal por

CONJUNTURA ACTUAL EDITORA
Sede: Rua Fernandes Tomás, 76–80, 3000-167 Coimbra
Delegação: LEAP CENTER – Espaço Amoreiras
Rua D. João V, n.º 24, 1.03 – 1250-091 Lisboa – Portugal

TRADUÇÃO
Miguel Freitas da Costa

REVISÃO
Inês Castelhano

CAPA
FBA, sobre capa original da Harvard Business School Publishing Corporation

PAGINAÇÃO
Aresta Criativa – Artes Gráficas

IMPRESSÃO E ACABAMENTO
Papelmunde
Março 2020

DEPÓSITO LEGAL
468526/20

ACTUAL | GRUPOALMEDINA

Biblioteca Nacional de Portugal – Catalogação na Publicação

SHEEN, Raymond, e outro

Elaborar um plano de negócio / Raymond
Sheen, Amy Gallo. – (Guias HBR ; 15)
ISBN 978-989-694-493-3

I – GALLO, Amy

CDU 005

Guia HBR

Elaborar um Plano de Negócio

Conte uma história convincente
Identifique os interessados
Analise o risco e o retorno

Raymond Sheen
com Amy Gallo

ACTUAL

O que vai aprender aqui

Teve uma grande ideia que aumentará receitas ou produtividade — mas como obter a autorização necessária para a materializar? Elaborando um plano que mostre claramente o valor dela.

Talvez tenha dificuldade em conseguir apoios para os seus projetos porque não está seguro de quais os elementos de informação em que confiarão as partes interessadas ou porque os eternos pessimistas tendem a deitar as suas ideias abaixo à última hora. Talvez as análises e os números o intimidem, de modo que se limita a um cálculo a olho de custos e benefícios, com pouca confiança na sua exatidão. Para fazer qualquer ideia avançar na nossa empresa temos de apresentar uma justificação forte. Este guia dá-nos as ferramentas para tal.

Irá melhorar a capacidade de:

- Explicar a necessidade do projeto para a empresa
- Alinhar a sua proposta com os objetivos estratégicos da empresa
- Constituir a equipa certa para formatar e testar essa ideia
- Calcular o retorno do investimento
- Analisar riscos e oportunidades
- Conquistar o apoio dos colegas
- Apresentar o caso às partes interessadas
- Angariar os recursos de que o projeto precisa

Índice

Introdução

QUER ESTEJAMOS A APRESENTAR um projeto novo à nossa empresa ou à procura de fundos para uma *startup*, se queremos que a nossa ideia chegue a bom porto, temos de desenvolver um plano de negócios convincente.

O objetivo primordial é ajudar certas pessoas a decidir se vão ou não investir na sua ideia. Se estiver a elaborar um plano de negócio ou a promover uma iniciativa dentro de uma organização não está a começar do nada. Tem conhecimento das prioridades estratégicas da empresa e provavelmente conhece as pessoas a quem se dirige, mas ainda há muito trabalho a fazer. O público — os chefes da sua secção ou da empresa — espera que se ponha no lugar dele. (Quais são as suas principais preocupações? Como as contempla neste projeto?) Espera também uma análise refletida dos aspetos financeiros e dos riscos. Quererá compreender que impacto terá o seu projeto nos lucros ou perdas da empresa, de modo a poder ponderar os custos e benefícios de forma racional.

Em que difere isto da apresentação de uma *startup*? Como empreendedor está a vender a potenciais sócios e financiadores tanto *a si próprio* como a sua ideia. Embora esta distinção seja importante — afeta o que está a tentar conseguir e o que vai realçar na apresentação —, a abordagem será, em termos gerais, a mesma que dentro de uma organização. Em ambas as situações, tem de identificar uma clara necessidade comercial de conseguir conhecer as partes interessadas e de lhes contar uma história sobre como satisfazer lucrativamente essa necessidade.

É isso que aprenderá a fazer neste guia. Vamos focar-nos na promoção interna de planos de negócio, pois é esse o desafio que a maior parte dos gestores enfrenta — mas os princípios e ferramentas beneficiarão também os empreendedores.

A promoção interna de planos de negócio pode servir muitos propósitos, mas eis três razões frequentes para o seu desenvolvimento:

1. **Querer criar um produto ou serviço.** Aqui, o objetivo é demonstrar os lucros que a sua proposta acrescentaria. Trata-se de ajudar os decisores a pesar as estimativas de vendas contra os custos de desenvolvimento, fabrico e entrega.
2. **Querer investir num grande sistema informático.** Quando está, por exemplo, a propugnar um novo sistema de planeamento de recursos empresariais (ERP) ou uma base de dados para a gestão da relação com os clientes (CRM), terá em conta o impacto em toda a empresa — que departamentos beneficiarão e quais incorrerão nos custos.
3. **Querer melhorar as instalações da empresa.** Este tipo de projeto está a tornar-se mais vulgar à medida que as organizações tentam poupar dinheiro através da eficiência energética. Pode propor a construção de um novo edifício, por exemplo, ou a remodelação de um já existente.

Pode também propor um modelo de estabelecimento de prioridades entre os projetos e propor o corte de alguns; obter recursos adicionais para uma iniciativa em curso; investir numa nova capacidade ou decidir sobre o *outsourcing* de uma função.

Sempre que queremos que a nossa empresa dedique recursos para além do que já está orçamentado, é preciso justificá-lo. Mas não se trata apenas de andar atrás dos outros para os persuadir a apoiar os nossos esforços. Estamos a tentar perceber a melhor maneira de aproveitar uma oportunidade ou resolver um problema. Desenvolver uma argumentação forçar-nos-á a gerar e avaliar ideias de uma maneira disciplinada.

Por essa razão, ter êxito não significa necessariamente obter um «sim». Significa tornar possível à sua equipa de chefia tomar uma decisão de investimento sensata. Uma proposta de plano de negócio responde à pergunta «O que acontece se adoptarmos esta estratégia?» (*não* «Porque é que isto é uma boa ideia?») Se a resposta não demonstrar que os benefícios são superiores aos custos ou que os resultados estão alinhados com a estratégia da empresa, não falhou. Pelo contrário, salvou a sua empresa de fazer um mau investimento.

Vejamos estes dois exemplos fictícios que expõem este ponto:

Jim, gestor de marca, pensou num produto que ajudaria a sua empresa de meios de comunicação de dimensão média a competir com rivais maiores. O chefe pediu-lhe que desenvolvesse um projeto, de modo que Jim falou com clientes, estudou os concorrentes e contemplou várias opções. Trabalhou com colegas do Departamento Financeiro, do Marketing e das Vendas para fazer uma projeção das receitas a 10 anos e calcular o ROI. Os cálculos iniciais mostraram que o novo produto era promissor, mas a sua análise de risco revelou que bastava um único concorrente chegar primeiro ao mercado para a quota de mercado da sua empresa sofrer um rude golpe. Durante uma reunião trimestral de avaliação com a alta direção, Jim apresentou um plano de negócio articulado com clareza e que incluía tanto as suas estimativas iniciais como o pior cenário possível. Disseram-lhe que o produto parecia uma boa oportunidade, mas concordaram com Jim em que parecia arriscado de mais, de modo que não o financiaram.

Consideremos agora Catherine, vice-presidente do Departamento de Informática numa empresa fabril. O chefe pediu-lhe que elaborasse um plano de negócio para um novo sistema de gestão de inventário. Há mais de um ano que os gestores das seis fábricas da empresa suplicavam por isto, alegando que não conseguiam verificar os inventários uns dos outros. Catherine foi visitar as fábricas para ficar a saber mais sobre o que cada uma necessitava que o sistema fizesse. Depois, reuniu-se com vários fornecedores para passar em revista opções já prontas e discutir que adaptação seria necessária. Assim que obteve as estimativas aproximadas de custos, trabalhou com os gestores de cada fábrica para projetar em que medida o novo sistema aceleraria os tempos de entrega, depois calculou as poupanças ao longo dos cinco anos seguintes. Apresentou uma proposta claramente articulada e bem documentada ao CFO (diretor financeiro), ao CEO e ao seu chefe, o CIO (diretor de tecnologia da informação). Aprovaram todos que selecionasse um fornecedor, desenvolvesse um plano de execução e orçamentasse em pormenor o sistema.

Visto isto, quem fez um melhor trabalho — Jim ou Catherine? Podemos ser tentados a responder que foi Catherine, porque o seu projeto recebeu aprovação superior e passou à fase seguinte. Mas, em última análise, *ambos* foram bem-sucedidos, porque ambos ajudaram os superiores a tomar uma decisão informada. Não obter apoio para um projeto depois de lhe dedicar tanto tempo e energia nunca é divertido. Mas na medida em que apresentámos um plano de negócio bem construído, não faz mal — e às vezes é desejável — receber um «não» dos poderes instalados. Mesmo que tenhamos persuadido os superiores a *não* aprovarem o nosso projeto, teremos conquistado a sua confiança ao ter-lhes mostrado quão cuidadosamente o pensámos do princípio ao fim. O primeiro passo para ajudar a nossa empresa a decidir se investe ou não na nossa ideia é compreender o que entra num plano de negócio.

Secção 1
Preparar-se

CAPÍTULO I

Princípios básicos de apresentação de um plano

INDEPENDENTEMENTE DE ONDE TRABALHE e do tipo de ideias que esteja a defender, deve seguir o mesmo processo para todos os planos que desenvolva. Vou esboçá-lo aqui para lhe dar uma ideia global antes de abordar os vários passos nos próximos capítulos.

Nesta primeira secção, «Preparar-se», aprenderá a colocar-se no estado de espírito adequado. Nem pense, para já, em construir um argumento lógico ou debater-se com números — é cedo de mais para esse nível de pormenor. Imagine, em vez disso, que está a contar uma história.

A história começa, como todas as boas histórias, com um problema. O que estamos a tentar resolver é a *necessidade da empresa.* Por exemplo: estão os clientes a queixar-se de uma característica particular do produto? É o Departamento Financeiro que tem dificuldade em produzir relatórios exatos por causa de um sistema informático ultrapassado? A nossa empresa perdeu quota de mercado para um concorrente que está a oferecer serviços adjacentes?

Podemos ser nós a identificar o problema. Ou pode o nosso diretor pedir-nos que nos debrucemos sobre uma preocupação que surgiu durante uma discussão de planeamento estratégico ou na análise da gama de produtos. Uma vez identificado o problema, ou oportunidade, é altura de identificar as personagens da nossa história:

- As *partes interessadas* têm autoridade para aprovar ou rejeitar o nosso projeto. Podem incluir o nosso chefe, o chefe do nosso chefe ou a equipa que lidera a empresa (Secção 2, «Aprender a conhecer o nosso público»).
- Os *beneficiários* são aqueles que saem a ganhar com aquilo que estamos a propor. Teremos habitualmente mais de um grupo a considerar, quer dentro quer fora da organização. Se estamos a recomendar um novo sistema de tecnologia informática para o Departamento Financeiro, haverá dois conjuntos de beneficiários: as pessoas que se ocupam dos relatórios financeiros e as que os recebem.
- Recorreremos a *especialistas na matéria* para criar a proposta. São as pessoas que sabem o que é preciso para resolver o problema. Se estivermos a propor um novo produto, vamos provavelmente chamar colegas da I&D, das Vendas e do Marketing. Para qualquer tipo de projeto, trabalharemos de perto com os financeiros para chegar às estimativas de custo.

Consideraremos depois alternativas para satisfazer essa necessidade da empresa — poderá haver maneiras diferentes de contar a nossa história (Secção 3, «Criar o plano de negócio»). Com os especialistas que convocámos, exploraremos várias opções: Qual é a mais eficiente? Qual é a mais económica? Qual é a mais apropriada à cultura e capacidades da organização?

Depois de feita a melhor escolha à luz do que sabemos neste ponto, criaremos um plano de projeto de alto nível, a fim de medir em termos aproximados o tempo e os recursos de que precisaremos e o valor que aportará a nossa solução. Estimar custos e benefícios pode ser assustador para gestores novatos no desenvolvimento de planos de negócios, mas, como veremos na Secção 4, «Trabalhar os números», é bastante simples se o resto da história estiver claramente delineado: a necessidade da empresa, as alternativas que considerámos e a abordagem recomendada para satisfazer essa necessidade.

Esses números serão inseridos numa folha de cálculo para determinar o retorno do investimento (ROI). Um cálculo clássico do ROI (benefícios a dividir por custos) é estático — dá-nos um instantâneo de um certo ponto no tempo —, de modo que muito poucas empresas ainda se baseiam só nele. É melhor usar uma versão mais matizada do ROI e olhar para o fluxo de custos e benefícios ao longo de meses ou anos examinando ponto de *breakeven*, período de recuperação do investimento, valor atual líquido ou taxa interna de retorno — ou uma combinação destas medidas (que abordaremos no Capítulo 10).

Finalmente, está na altura de contar a sua história. Empacotada no formato que a sua empresa usar para planos de negócio, seja qual for, é apresentada às partes interessadas. Se não existir um modelo, criamos um formato próprio que seja lógico (apresentamos sugestões e exemplos na Secção 5, «Apresentar o plano e avançar»). Acima de tudo, a história tem de ser clara — *não* deve ser um mistério. As partes interessadas não serão recetivas se tiverem de se pôr a adivinhar que solução está a recomendar, que divisões afetará ou quanto custará. Quer receba um sim ou um não à sua proposta de plano, ainda não está despachado, de modo que o Capítulo 17, «E a seguir?», irá guiá-lo nos primeiros passos. Se a proposta for aprovada, terá de dar o pontapé de saída ao projeto e pôr-se a trabalhar. Se não for aprovada, ainda tem trabalho a fazer, como fechar as coisas de modo que possa facilmente desempacotar a proposta no futuro, se necessário.

Conhecer os componentes básicos de um plano de negócio irá ajudá-lo a entrar no estado de espírito apropriado para compilar, polir e apresentar uma história convincente. Mas antes de se atirar ao trabalho, precisa de saber o que os decisores procuram num plano de negócio.

CAPÍTULO 2

Aprender como a nossa empresa avalia os planos

A FORMA COMO CONTAMOS A HISTÓRIA DO NOSSO PLANO de negócio depende de como a nossa organização analisa e aprova novos projetos.

Para o descobrir precisamos de respostas a perguntas como:

- A empresa tem um processo formal para avaliar propostas? Se tem, o que é que envolve — e estará ligado a outros processos, como o ciclo de revisão do orçamento?
- A empresa analisa as propostas à medida que aparecem ou em ocasiões específicas ligadas ao ano fiscal ou à época da orçamentação?
- As partes interessadas estudam cada projeto separadamente ou em conjunto?
- Que nível de pormenor quer o nosso público? Estão a olhar, por exemplo, para as projeções de vendas por região, linha de produto, ano ou uma combinação das três?
- A organização aprova projetos por inteiro, de uma só vez, ou em várias fases?

Averigue tudo o que puder junto de colegas que conheçam os meandros do processo. Peça ao seu chefe e a membros da sua confiança que o ponham em contacto com alguém que tenha feito uma apresentação bem-sucedida. Que formato deve utilizar? Com que decisores deve falar antecipadamente? Que tipo de projetos costumam ser aprovados?

Empresas grandes como a GE, em cuja direção trabalhei durante vários anos, têm normalmente um processo formal, com modelos preestabelecidos. E costumam analisar as propostas em ocasiões específicas ao longo do ano. Outras empresas com que trabalhei fazem-no como parte do processo anual de orçamentação: a direção olha para uma carteira de 20 ou 30 propostas de uma só vez e decide quais financiar com o orçamento disponível. Digamos que temos 10 milhões de dólares para trabalhar. Depois de examinar as prioridades estratégicas da empresa, a direção pode decidir gastar à volta de 5 milhões no desenvolvimento de produtos; 3 milhões em projetos de *compliance*, por exemplo, e 2 milhões em projetos de redução de custos. Avaliará a carteira em função desses números e fará os ajustes necessários para lá chegar. As empresas que avaliam anualmente as propostas põem de lado muitas vezes uma pequena porção do orçamento para oportunidades que surjam ao longo do ano fora desse ciclo.

Muitas empresas de grande dimensão têm também aquilo a que se chama um *processo de portagem*. Isto quer dizer que o chefe de um projeto prepara o plano de negócios para a fase inicial da descoberta — não para todo o projeto. Se as partes interessadas lhe dão luz verde, pedem à equipa do projeto que o divida em fases (por exemplo, conceção, desenvolvimento, testes e comercialização, se se trata de propor um novo produto) e que volte a pedir a aprovação para cada uma delas. Isto permite à direção defender as suas apostas, empenhando mais recursos apenas à medida que se vai tornando mais claro que os benefícios sobrelevam os custos.

Embora às vezes tenham menos estrutura, muitas organizações mais pequenas funcionam de maneira similar. Podem ter datas estabelecidas para analisar propostas, por exemplo, e aprovar fases iniciais antes de se comprometerem com um projeto inteiro.

Um pequeno prestador de serviços de Internet com o qual trabalhei estudava as suas propostas numa reunião mensal da chefia. Depois de passar em revista as vendas e custos do mês anterior, a direção discutia quais os novos projetos a financiar. Uma outra empresa — esta uma fornecedora da indústria automóvel — desenvolvia propostas antes de responder a pedidos de propostas (RFP). Este exercício ajudava as partes interessadas a decidir licitar sobre projetos de novos veículos e quão agressivas deviam ser as suas ofertas.

Independentemente do tamanho da empresa, temos de saber quem tem autoridade para aprovar ou rejeitar uma proposta nossa. Em algumas organizações, mesmo pequenos projetos requerem a aprovação da direção. As decisões podem ser tomadas a nível funcional, de unidade ou regional.

Se a sua organização não dita um processo qualquer para as propostas ou se estiver a pedir recursos fora de época, tem de descobrir o que fizeram outros para obter essa aprovação. Convém averiguar que colegas têm um historial de êxito na matéria e pedir reuniões com eles para ficar a saber que materiais usaram, que ajuda recrutaram, que curvas e contracurvas encontraram pelo caminho e quais os erros que têm agora o cuidado de não repetir. Saber o que funcionou — ou não — é a melhor maneira de desenvolver uma proposta que tenha alguma hipótese de ser aprovada. Na próxima secção, vamos aprofundar a questão das prioridades estratégicas e a questão de perceber quem tem autoridade para aprovar a nossa proposta.

Secção 2
Aprender a conhecer o nosso público

CAPÍTULO 3

Perceber quem realmente manda

O DESTINO DO NOSSO PROJETO OU INICIATIVA está normalmente nas mãos de um pequeno grupo de pessoas ou até nas de uma só.

Para começar, devemos perguntar ao nosso chefe quem irá avaliar a nossa ideia, de modo a podermos construir um plano que apele a essas prioridades (ver Capítulo 4, «Compreender os objetivos do nosso público»). Talvez seja o chefe do nosso chefe ou o chefe de divisão, ou talvez a comissão de avaliação consista em oito chefes em representação das diferentes partes da organização —, e votam sobre cada uma das ideias apresentadas.

Saber que pessoas analisarão o nosso plano não é o mesmo que compreender quem toma a decisão. Numa empresa com a qual trabalhei, as propostas eram vistas por uma comissão de seis executivos durante a reunião anual de orçamentação, mas toda a gente sabia que o CFO (o diretor financeiro) tinha a última palavra.

Nem sempre é claro quem manda, mas podemos obter pistas importantes observando propostas que já foram aprovadas. Se os projetos que beneficiam o Marketing obtêm frequentemente luz verde, poderá ser porque o CMO (o diretor de Marketing) tem algum poder de decisão; se as propostas de RH e do Departamento Financeiro tendem a passar sem dificuldade, os chefes desses departamentos poderão ter uma grande palavra a dizer sobre o que é ou não aprovado.

Uma vez determinado quem tem direitos de decisão, como havemos de atrair essa pessoa ou grupo? Encontrando fontes de influência e apoio.

Quem tem influência?

Na maior parte das organizações, há um departamento dominante — e o seu chefe detém uma autoridade informal, independentemente do título que tenha. Na Procter & Gamble (P&G), o Marketing é rei. Na General Electric, são as Finanças. E na General Motors é a Produção. Podemos assumir que os objetivos do departamento dominante se imporão a outros quando os decisores analisam quaisquer propostas.

Que área da sua empresa tem esse tipo de poder? Os projetos que caem sob a sua alçada têm melhor hipótese de ser aprovados, especialmente numa corrida aos recursos que for fechada. Na P&G, os chefes que analisam as propostas perguntarão: «Que projetos prometem o maior crescimento de mercado?». Na GE, «Quais nos darão os melhores resultados financeiros?», na GM, «Quais tornarão as nossas fábricas mais eficientes?». Deve identificar o departamento dominante da empresa e formular o plano à luz dos seus objetivos.

Quem nos protege?

Ter um defensor na comissão de avaliação — ou alguém que lhe seja próximo — ajudar-nos-á a obter uma avaliação justa, porque influenciará positivamente o nosso plano. Mas como encontrar um defensor para o projeto?

Consideremos cada um dos membros da comissão de avaliação: de quem são os objetivos e preocupações a que se dirigirá mais diretamente o projeto? Essa pessoa é um potencial defensor. Fale com ela e pergunte-lhe o que o seu departamento está a tentar conseguir no ano que vem. Fique com uma ideia de quais são os grandes projetos em curso e quais precisam de mais apoio. Explique como a sua iniciativa pode ajudar a preencher lacunas ou tratar de pontos problemáticos. É uma altura em que a rede pessoal de relações pode dar dividendos. Trabalhe com pessoas que conheça nesse departamento ou divisão para clarificar o problema ou necessidade que o projeto abordará. Pergunte-lhe especificamente que mais importa ao defensor e como tratar dessas preocupações. Peça, depois, aos seus contactos que o apresentem ao potencial defensor ou que organizem uma reunião em possa clarificar a necessidade e explicar as suas ideias. Mesmo que nunca se tenha encontrado com o potencial defensor, é mais provável que o ouça quando estiver a trabalhar num problema que afeta a sua divisão. Se demonstrar interesse, peça-lhe que analise a sua proposta quando estiver pronta e a defenda no seio da comissão de avaliação. Será conveniente mantê-lo ao corrente e usá-lo como câmara de ressonância ao longo do processo.

É claro que ter alguém influente do nosso lado de pouco servirá se não tivermos uma proposta sólida que satisfaça uma necessidade da empresa e cujos elementos financeiros foram bem pensados. Se faltarem, mesmo um defensor poderoso não poderá ser de grande ajuda. Agora, que já conquistou uma pessoa, chegou o momento de talhar a nossa apresentação de forma a ir ao encontro dos objetivos da organização e do resto da comissão.

CAPÍTULO 4

Compreender os objetivos do nosso público

UMA VEZ CONHECIDOS OS DECISORES, o passo seguinte é descobrir o que é mais importante para eles. A direção está à procura de projetos e iniciativas que se ajustem à estratégia da empresa e é provável que rejeitem os que não se ajustam.

Porém, muitos gestores não compreendem isso, por isso, têm dificuldade em conseguir que mesmo as propostas sólidas sejam aprovadas. Julgam que os benefícios são óbvios — e não se preocupam em alinhar as suas propostas com objetivos mais amplos.

Muito poucas organizações têm dinheiro ou pessoal sentados à espera de serem usados. De modo que, ao apresentar um plano de negócio, está inevitavelmente a competir com outros por recursos que são limitados. A melhor maneira de se sair bem é demonstrar explicitamente como a sua ideia sustenta as prioridades da empresa.

Se não estiver absolutamente seguro de quais são essas prioridades, faça questão de ler o relatório anual, a carta do CEO aos acionistas e todos os memorandos da direção. Considere: o que é que, em termos gerais, se está a tentar fazer este ano?

FICAR A CONHECER INVESTIDORES OU PARCEIROS POTENCIAIS

Supondo que quem estiver a desenvolver a proposta é um empreendedor, pode ser-lhe difícil desenterrar os objetivos do seu auditório. Pode nem sequer conhecer as pessoas a quem está a fazer a apresentação. Mas, com alguma criatividade, poderá obter a informação que procura.

Terá de encontrar outros empreendedores que trabalharam como o seu público. Às vezes, os próprios investidores fornecem essa informação, se lhes for pedida; não sendo assim, pode ser preciso sondar a sua rede de relações para ver se alguém sabe quem eles já financiaram.

Poderá contactar esses colegas empreendedores através do LinkedIn, do Twitter ou de conhecimentos mútuos para obter a informação pretendida. E esta não pode limitar-se a perguntas sobre as prioridades empresariais do seu público. O autor da proposta quer também compreender o que é que apaixona os seus ouvintes e adequar a sua proposta. É mais provável que invistam nele ou se associem a ele se existir uma ligação emocional ao projeto, além da confiança nos cálculos financeiros.

Está em modo de crescimento ou de redução de custos? Está a tentar tornar-se rapidamente global ou concentrado numa ou duas regiões? Ao percorrer essas comunicações internas e externas, vai provavelmente encontrar uns quantos temas principais. Normalmente, as pessoas que avaliam o plano de negócio estão também incumbidas de cumprir esses objetivos mais amplos — e quererão perceber em que medida a sua ideia os ajuda a fazê-lo. Se a equipa executiva fixou um objetivo de crescimento bruto de 5%, demonstre-lhe que o seu projeto aumentará diretamente a receita. Se não o conseguir fazer, realce as métricas que mostram uma ligação indireta: a sua ideia reduzirá em 3% o tempo de chegada ao mercado? Poupará tempo em todo o ciclo? Sejam quais forem os benefícios, devemos explicar a sua relação com os objetivos gerais.

Esta estratégia compensou no caso de uma empresa de serviços públicos com a qual trabalhei. Há já uns anos, a empresa de estudos de mercado J.D. Power avaliou a satisfação dos clientes de 300 empresas de serviços públicos. A empresa com a qual eu trabalhava foi a que ficou em ultimíssimo lugar. Era a pior do país. Ao longo dos dois anos seguintes, a comissão executiva procurou reverter essa miserável classificação, aprovando todas as propostas sólidas que lidavam com esse problema. Quem não conseguisse fazer uma proposta para melhorar de uma ou de outra maneira a satisfação dos clientes via a sua proposta rejeitada; tanto fazia o dinheiro que o projeto pouparia à empresa ou o crescimento que geraria. Cinco anos mais tarde, quando a J.D. Power fez um estudo de acompanhamento, a empresa classificou-se nos 50% superiores em matéria de satisfação dos clientes — uma enorme melhoria.

Mesmo que os objetivos da nossa empresa sejam definidos de uma forma tão restrita, as partes interessadas podem nem todas concordar em como os alcançar, de modo que temos de compreender a perspetiva sobre a sua execução de cada um dos decisores. Suponhamos que a nossa organização está desejosa de cortar custos. O CFO pode considerar que a melhor maneira de o fazer é simplificar os processos de fabrico, mas o COO (o diretor de operações) pode advogar o *outsourcing*.

É uma das razões por que é tão importante chamar especialistas de várias funções para nos ajudarem a construir a proposta (ver Capítulo 6, «Constituir uma equipa multifuncional»). Farão ver o que importa aos chefes de departamento. Alguém do Departamento Financeiro pode provavelmente dar-nos uma perspetiva sobre o que pensa o CFO dos objetivos estratégicos da empresa e da forma de os alcançar.

De que outras maneiras podemos obter a informação de que precisamos sobre o nosso público?

1. **Coligir informação de cima.** Além de recorrer a especialistas transversais às várias funções, podemos interrogar o nosso chefe sobre as prioridades, valores, objetivos e estilo de tomada de decisões das partes interessadas. O que poderão ganhar ou perder com a oportunidade que estamos a apresentar? Como são influenciados? Gostam que lhes apresentem opiniões fortes sustentadas por factos ou preferem acompanhar o processo de pensamento e tirar as próprias conclusões? Como gostam de receber informação? São voltados para os números? São centrados nos clientes?

   O nosso defensor pode também ser uma boa fonte de informações. Façamos-lhe as mesmas perguntas. Além disso, questionemos a respeito de alguma coisa que *não* devamos incluir na proposta porque poderá irritar um dos decisores. Se tivermos acesso direto às partes interessadas, abordemo-las com três simples perguntas: quais são os principais objetivos do seu grupo para este ano? Como é que mede o êxito? Quais são as suas barreiras? As respostas servirão para informar o nosso plano. Se, por exemplo, estiverem a lutar com dificuldades para reagir a regulamentos de proteção do ambiente crescentemente rigorosos, realcemos que a nossa ideia os vai ajudar nessa matéria.

2. **Examinar o historial das partes interessadas.** Olhemos para os projetos que aprovaram nos últimos dois anos. O que têm em comum? Centram-se todos em melhorar a satisfação do cliente? Em baixar custos? Em aumentar a linha de produtos? Em encontrar novas fontes de receita? Em acrescentar capacidades? Olhemos depois para os projetos que as partes interessadas chumbaram — também eles podem ter semelhanças reveladoras. É claro que é importante colocar essas aprovações e rejeições em contexto. Se a nossa empresa acaba de adquirir um negócio ou atravessou uma reestruturação, os objetivos podem ter mudado.

Ao procurar conhecer as partes interessadas, consideremos também o que mais importa às *respetivas* partes interessadas. Mesmo que as pessoas que julgam o plano de negócios tenham poder de decisão, terão de justificar as suas escolhas quando começarem a entrar as verdadeiras receitas e custos. Assim, temos de considerar cuidadosamente o nosso público. Se fizermos a nossa apresentação ao CEO, ele tentará provavelmente prever as reações e preocupações do conselho de administração. Um vice-presidente de Marketing refletirá o que pensa o CMO. Ponha-se no lugar das partes interessadas e dê-lhes o que precisam para transmitirem a quem está acima deles o valor da sua ideia.

Agora que sabemos o que importa o nosso público, podemos dedicar-nos a coligir a informação de que precisamos, a começar pelo problema ou a oportunidade que identificámos.

Secção 3
Criar o plano de negócio

CAPÍTULO 5

Esclarecer a necessidade

É IMPOSSÍVEL CONSTRUIR UMA EQUIPA, debater soluções ou trabalhar os números enquanto a necessidade a satisfazer não for clara como água.

Tente pensar nela como um ponto de dor: os gestores de fábrica não têm uma maneira eficaz de partilhar a informação de desempenho. A força de vendas na Europa está a perder ofertas por causa de um novo concorrente. Seja qual for a dor, aí está a origem da necessidade, e a sua missão é descobrir como aliviar esse sofrimento.

É claro que alguns projetos são movidos por oportunidades e não por problemas urgentes. A sua empresa pode, por exemplo, poupar 40% dos custos operacionais mudando para um novo sistema de CRM (gestão de relações com os clientes) ou tornar-se candidata a 2 milhões de dólares em incentivos fiscais renovando a estação de tratamento de águas residuais antes do fim do ano.

Segue-se um exemplo de como isto se pode fazer:

Imaginemos que um vice-presidente de produção vem a uma reunião de planeamento estratégico e diz: «Não conseguimos cumprir os objetivos deste ano se não repararmos ou substituirmos o sistema de gestão de inventário. As contagens estão todas erradas. Nalguns sítios temos excessos, noutros estamos sempre com faltas.» O CEO pede-lhe, na qualidade de gestor de TI, que estude o assunto, passando a ter a responsabilidade de elaborar um plano de investimento para um novo sistema, ou não, consoante o que descobrir.

Qual é o principal desafio neste ponto? Perceber *porque* é que os níveis de existências estão a sair errados e que partes do negócio sofrem em resultado disso.

Eis os passos a dar:

Falar com os beneficiários

Primeiro, perguntar às pessoas da produção que usam o sistema atual o que é que pensam que está a acontecer: quando começou o problema? Como se manifesta? Com que frequência? Como é que o problema impede as equipas de trabalharem eficazmente? Quem são os mais afetados na empresa? É preciso falar também com essas pessoas e recolher dados relevantes, relatórios, estudos — toda e qualquer informação que os beneficiários possam fornecer. Se possível, observar a questão em primeira mão. Poderemos visitar fábricas e ver como as existências são contadas e registadas no sistema. Pode acompanhar as pessoas que usam o sistema e observar como realizam as suas tarefas.

A sua função é ouvir *e* inquirir mais a fundo. Os beneficiários podem não saber a razão subjacente do seu problema: «Não sabemos ao certo porque estão os inventários a sair sempre errados, mas sempre que vamos à fábrica a conta nunca está certa.» Cabe-lhe a si descobrir essa causa e identificar uma solução razoável.

Os beneficiários podem já ter uma solução em mente. (Talvez o VP para a produção tenha tido conhecimento de um sistema de gestão de inventário que crê que fornecerá uma contagem mais exata.) Mas às vezes o que eles querem não é o melhor remédio. Precisa, é claro, de contemplar essa opção, mas pode não ser a sua recomendação final, especialmente se for dispendiosa ou difícil de adotar.

Analisar processos

A seguir, examine o problema por si, não dê como adquirido o que as pessoas dizem. Faça uma análise ao fluxo do processo — uma representação visual das várias fases. Através de conversas com os beneficiários, das suas próprias observações, desenvolva um quadro completo de como as existências se movem e onde são captadas as respetivas quantidades. Expondo todos os passos do fluxo de existências, ilustre como se ligam e aponte os pontos de decisão (quem decide, por exemplo, quando registar no sistema essas quantidades?). Isto é crucial porque podemos descobrir que não está, de todo, perante um problema de TI. Talvez haja um problema de formação ou uma quebra de comunicação na cadeia de distribuição. É possível descobrir em que fase o processo se desmorona.

Apresentamos um exemplo de fluxograma na Figura 5-1. Note-se quantas partes do processo assentam em atualizações manuais — há imenso espaço para erros humanos. E a demora após o controlo de qualidade ter identificado uma peça defeituosa torna ainda mais difícil para o sistema de inventário refletir contagens exatas. Será preciso examinar todos esses pontos de dor para pôr a descoberto completamente a necessidade em causa.

Acordo sobre o que a solução deverá abranger

Uma vez reunida toda esta informação e formada uma imagem mais clara da necessidade em causa, voltamos às partes interessadas (o CEO e o vice-presidente de produção) e asseguramo-nos de que as nossas presunções sobre o que a solução deve abranger e

FIGURA 5-1

Análise de fluxo do processo

Ao criar um mapa visual do processo como o desta amostra de fluxograma, desenvolvemos um quadro mais completo da necessidade com que estamos a tentar lidar.

Processo de gestão de existências

1. Encomendar peças
A quantidade encomendada com base na necessidade prevista e registada no sistema.

2. Receber peças
Quantidade verificada contra a encomenda. Qualquer discrepância requer uma correção manual no sistema.

3. Enviar peças para o armazém
A quantidade não é verificada quando o armazém arruma as peças.

4. Marcar conjuntos
Os conjuntos são marcados com base na quantidade de peças existentes no sistema. Se a contagem é baixa, o sistema gera automaticamente novas encomendas. Contagens inexatas no sistema levam a que se encomendem peças a mais ou a menos.

5. Retirar peças para os conjuntos
O armazém retira manualmente as peças para formar conjuntos e o sistema subtrai-as automaticamente das existências. Se o armazém tem a menos, o sistema requer uma encomenda manual de peças. Se o armazém encontra uma peça defeituosa, é enviada para o Controlo de Qualidade (CQ) — mas a quantidade existente no sistema não muda a não ser que o CQ dê baixa da peça, o que pode levar semanas.

6. Montar os conjuntos
A quantidade de conjuntos é verificada pelo operador durante a montagem. Se em falta, a peça é pedida ao armazém e a contagem atualizada manualmente no sistema. Por vezes, as partes sobrantes são devolvidas ao armazém, outras vezes dá-se baixa.

quais são os constrangimentos correspondem às delas. Pode ser preciso, por exemplo, que um novo sistema de gestão de inventário deva funcionar tanto na Europa como nos Estados Unidos — aqui está uma hipótese que se deve confirmar com as partes interessadas, mesmo que pareça óbvia. Os constrangimentos poderão incluir a compatibilidade com outros sistemas TI ou haver pouco tempo para implantar o sistema. Eis algumas perguntas que servem para guiar a discussão com as partes interessadas:

- Onde será usada a solução? Em que escritórios ou instalações? Em quantos países?
- Quem será afetado pela solução? Um único departamento ou toda a organização?
- Com que rapidez é preciso estar instalada a solução? Vamos implantá-la ao longo do tempo ou de uma só vez?
- Como devemos medir a eficácia da solução? Temos um termo de comparação?
- Deveremos combinar a solução com qualquer outra iniciativa relacionada com ela?

TESTAR A NECESSIDADE COM UM PROJETO CAMUFLADO

E se *suspeitarmos* de uma necessidade, mas carecermos de dados para confirmar essa suspeita? E se a direção não quer alterar um produto, apesar das queixas dos clientes? E se tende a rejeitar ideias não convencionais, como a sua?

Pode tentar demonstrar a importância do seu plano de negócio — a si e aos outros — realizando um projeto camuflado como forma de pôr à prova a ideia. Um pequeno projeto piloto pode ajudar a testar a sua tese sobre essa necessidade antes de desenvolver e apresentar uma solução.

Um exemplo: na GE, tivemos alguns problemas com um produto de que era responsável a minha equipa de engenharia.

Pensávamos que remediá-los requeria um redesenho moroso e dispendioso, mas um dos meus engenheiros sugeriu que bastava uma alteração mínima no processo de produção. Nem toda a gente concordava em que desse resultado, de modo que ele e o diretor de produção chamaram alguns operadores à parte e pediram-lhes que coligissem dados referentes ao produto e ao processo durante um período de duas semanas. Os resultados confirmaram a validade da ideia e conseguiu que fosse aprovada.

A abordagem disfarçada tem os seus riscos, é claro. Podemos irritar certas pessoas ou até arranjar sarilhos, especialmente se gastarmos fundos destinados a outros projetos. Fazer uma prova da ideia sem estarmos autorizados pode também dar a entender à direção que não confiamos na sua tomada de decisões inteligentes.

Para reduzir esses riscos, temos de manter o projeto simples e centrado — e enquadrá-lo como uma experiência para recolha de informação.

Devemos saber o que queremos ficar a saber e gastar apenas o dinheiro suficiente para o apurar. Obter a resposta e passar adiante. Nunca deixar que o projeto se prolongue meses. E documentar tudo o que ficamos a saber de modo a podermos incluir as descobertas na proposta a fazer.

Poemos chegar à conclusão de que a necessidade, afinal, não é assim tão grande — por isso temos de estar preparados para abandonar a nossa ideia.

As partes interessadas podem não ter respostas para todas estas perguntas ou podem pedir-lhe que faça recomendações. Quando isso acontece, normalmente significa que não há constrangimentos a respeito dessa questão, o que é sempre bom saber.

Documentar, documentar, documentar

Registe tudo aquilo que aprende: de onde vem a dor, quem a experimenta e o que a solução tem de conseguir. Esta documentação poupar-lhe-á tempo mais tarde, quando preparar a apresentação às partes interessadas — quererão ver em que baseou as suas recomendações (ver Secção 5, «Apresentar o plano e avançar»).

O processo pode ser simplesmente tomar alguns apontamentos ou introduzi-los num ficheiro de Excel ou de PowerPoint — ou pode usar o *software* de gestão de projetos da empresa para registar as provas da necessidade em causa. Deve registar quem lhe disse o quê. Dessa maneira, pode voltar atrás e pedir esclarecimentos no caso provável de receber informação contraditória ou parcial de alguns beneficiários. Isto também ajudará a endereçar as perguntas das partes interessadas às pessoas certas.

E se resulta, depois de realizar todo este trabalho, que a necessidade não é assim tão grande? Não faz mal. Ajuda na mesma as partes interessadas a tomar uma decisão informada sobre se investir ou não e quanto, se for caso disso. É uma boa altura para se reunir com o seu defensor e pedir aconselhamento. Deverá continuar a elaborar uma proposta, embora não haja grande benefício? Há algum benefício adicional que não tenha considerado e que deva ser acrescentado à proposta? Pode descobrir, por exemplo, que um novo sistema de gestão de inventário acelerará os tempos de entrega em apenas 5% — e que o projeto não gerará qualquer retorno durante vários anos, dados os custos do *software* e de inovação. Mas as partes interessadas podem querer na mesma seguir em frente se o novo sistema põe o fabrico a par a par da concorrência. Quando fiz parte da comissão de revisão de uma empresa de dispositivos médicos, vi muitos projetos que não rendiam imediatamente enormes receitas ou poupanças. Tinham, não obstante, de ser realizados — às vezes para obedecer a novas diretrizes da FDA (Food and Drugs Administration), às vezes para responder a preocupações de hospitais ou médicos importantes, e, desta forma, conquistar o seu apoio para novos produtos.

Descobrir a maneira específica de abordar a necessidade, e com que recursos, pode ser uma tarefa assustadora. Felizmente, não temos normalmente de nos aventurar nela sozinhos. O passo seguinte é constituir uma equipa de especialistas internos que nos possam ajudar a obter a informação de que precisamos.

CAPÍTULO 6

Constituir uma equipa multifuncional

A MENOS QUE SEJA UM EMPREENDEDOR INDEPENDENTE, não criará o plano de negócio apenas por sua conta. Numa empresa estabelecida, é um trabalho de equipa. Tanto os beneficiários como os especialistas das várias áreas irão ajudar a determinar que solução para o problema subjacente funcionará melhor, quanto custará, que receitas produzirá e assim por diante.

É provável que não tenha ao dispor uma equipa a tempo inteiro, dedicada em exclusivo ao projeto. Em vez disso, chamará gente de vários departamentos em diferentes pontos do processo — quando for altura de debater alternativas, por exemplo, ou estimar custos e benefícios.

Criar uma equipa multifuncional permite examinar as soluções sob diversos prismas. De outra maneira, a proposta será desenvolvida sob um certo ponto de vista — muito provavelmente o do seu departamento —, correndo o risco de esquecer determinadas opções ou importantes custos e benefícios.

Devem ser incluídos na equipa os seguintes tipos de membros:

- **Um representante da área financeira.** Muita gente parte do princípio de que as pessoas da área financeira são o grande inimigo. Isto não podia estar mais longe da verdade, especialmente quando estamos a elaborar um plano. Uma pessoa da área financeira poderá determinar os custos e benefícios atuais e fazer projeções exatas. Quanto mais cedo fizer intervir esta pessoa, melhor. Não tente fazer as previsões e os cálculos do ROI sozinho, mesmo que seja bom em números. Pode fazer presunções incorretas sobre a dinâmica da indústria, as depreciações, os custos de pessoal, e assim por diante, sem a orientação de alguém com uma visão geral das receitas e despesas da empresa.
- **Beneficiários.** Se estiver a propor a correção de um produto, os engenheiros poderão ser os primeiros beneficiários internos, mas o pessoal de vendas também poderá obter alguma vantagem. Não se deve dar excessivo realce ao papel dos beneficiários — visto que são eles quem está a sentir a dor, não vão ser os solucionadores de problemas mais objetivos. Mas é bom pedir-lhes que manifestem as suas principais preocupações à medida que a equipa identifica e pondera soluções, exatamente como fizeram quando o ajudaram a compreender mais profundamente a necessidade em causa.
- **Alguém habituado a falar com os clientes.** Se são os clientes a sentir a dor mais agudamente ou a solução proposta os afeta de alguma maneira (acontece com a maior parte das ideias novas), deve consultar alguém que sabe o que é importante para eles — ou que lhes pode perguntar. Pode ser um gestor de conta, um representante do apoio ao cliente ou um representante do Marketing que realiza inquéritos aos clientes.
- **Especialistas externos.** Pode não obter internamente toda a informação e a visão aprofundada de que precisa. Se a empresa nunca se deparou com este género de problemas, é bom pedir recomendações a especialistas externos. Está a considerar um novo sistema ERP (sistema de planeamento de recursos da empresa)? Dirija-se à sua rede de profissionais

de TI, comunidades online, fornecedores e parceiros. É útil saber o que usam e como funciona para eles.

Como parecerá uma equipa que inclua todos estes membros? Voltemos ao problema das existências que observámos no Capítulo 5, «Clarificar a necessidade». Queremos juntar as pessoas mais afetadas pelas contagens incorretas: vários representantes da produção (de diferentes fábricas), colegas da área financeira e da área comercial e alguém que possa ter presentes as preocupações dos fornecedores. Podemos consultar também fornecedores que vendam sistemas de gestão de existências para averiguar que valências adicionais oferece o *software* mais recente.

Envolvendo estas pessoas na elaboração do plano de negócio, não só tem acesso a informação (embora isso seja importante), como também conquista o seu *apoio*. Estão empenhadas, consigo, em encontrar a solução certa. É muito mais fácil obter a aprovação do plano se as partes interessadas souberem que funcionários dos seus departamentos ajudaram a criar a proposta.

Uma vez conhecido o tipo de membros de que precisa para a sua equipa, escolha a dedo pessoas com quem trabalha bem — aquelas que serão generosas no tempo e informação que lhe vão dispensar. Ocasionalmente, pode adicionar «convidados especiais» ao elenco. Se estiver, por exemplo, a juntar uma equipa para debater soluções, incluir pessoas que brilham em reuniões desse género — colegas criativos, de reflexos rápidos, que não pensem a preto e branco, grudados às próprias ideias.

O grupo nuclear deve manter-se pequeno — não mais de seis pessoas, se possível. Perdemos ímpeto e foco se passarmos semanas ou meses a consultar toda a gente que saiba alguma coisa sobre o problema. Queremos uma equipa unida de especialistas capaz de nos ajudar a descobrir a melhor solução.

Mesmo com uma equipa de sonho, é raro encontrarmos a melhor solução à primeira. Isto acontece porque raramente há uma única solução para qualquer problema dado. Temos de apresentar e ponderar várias alternativas.

CAPÍTULO 7

Considerar as alternativas

AGORA QUE JÁ ESCOLHEU A SUA EQUIPA, está na altura de começar o *brainstorming*, juntando especialistas e beneficiários para pensar sobre soluções hipotéticas. Depois de descrever a dor, quem a está a sentir e a causa subjacente — só para orientar o grupo —, peça sugestões sobre como aliviá-la. Depois de expor as ideias que as partes interessadas e os beneficiários já propuseram, peça à sua equipa que gere mais algumas ideias. As pessoas devem ser encorajadas a olhar para além da sua própria unidade ou função: como satisfizeram outros departamentos esta necessidade? Que fizeram outras empresas? Que funcionou e que não funcionou?

No início de uma reunião como esta não devem ser impostos constrangimentos às pessoas. Elas que pensem em voz alta. A seguir, após a equipa ter gerado algumas opções, pode referir limitações para centrar o pensamento das pessoas e estimular ideias adicionais: lembrar aos presentes, por exemplo, que a solução não pode implicar a relocalização de pessoal ou que deve ter em conta os produtos que a empresa vai lançar no próximo ano.

Devemos dar a palavra a todas e quaisquer ideias para resolver o problema com as seguintes linhas de orientação em mente:

Esquecer a precisão — e ir além do óbvio

Convém gerar alternativas rapidamente. Não está a redigir planos de um projeto ou a identificar compradores específicos ou nomes de produtos. Em vez disso, trata-se de encontrar um sistema, uma iniciativa ou um produto para recomendar genericamente. Não se prenda a pormenores. Se a sua equipa começa a apresentar especificações para uma solução, tem de os refrear e trazer de volta à visão geral. As especificações básicas serão tratadas mais tarde, depois de ter restringido as suas opções e começado a avaliá-las. Uma vez obtida a aprovação do plano, terá tempo para tratar das minudências práticas. O objetivo, para já, é perceber as várias direções que pode tomar, não preparar o caminho que efetivamente seguirá.

É comum haver uma ideia que ganha a dianteira desde o princípio — talvez uma solução sugerida pelo defensor do seu plano ou adotada por líderes da sua indústria. Não se fixe nesta opção, mesmo que seja uma ideia do CEO. As partes interessadas esperam que sejamos capazes de considerar seriamente múltiplas opções. Querem ver, no fim de contas, se conduzimos uma análise a fundo, não nos limitando a escolher a solução óbvia.

Se tiver dificuldade em encontrar outras opções, eis algumas técnicas para alargar horizontes:

- **Começar pelo resultado final desejado.** Ver como outras organizações conseguiram o desempenho que visa, seja um tempo mais curto de chegar ao mercado seja uma melhor qualidade. Dariam resultado estas abordagens na sua empresa?
- **Pensar sobre como outros departamentos abordariam a questão.** Como seria o projeto se a TI assumisse a liderança?

E se fossem as vendas? Os RH? A engenharia? A cadeia de distribuição?

- **Considerar como desenvolveria o projeto perante diferentes constrangimentos.** E se tivesse o dobro do tempo para completar o projeto? Ou metade do tempo? O que mudaria se desse o trabalho em *outsourcing* (ou internamente)? E se tivesse de dar à solução a escala necessária para fazer a mesma coisa cem vezes?

Considerar a opção de não fazer nada

Um plano de negócio abarca a pergunta: «O que acontece se adotarmos esta estratégia?» Mas também precisamos de considerar as consequências de nada fazer. Isto ajudará a articular a necessidade em causa quando apresentamos o plano. Por exemplo: «Se continuarmos na linha atual, as vendas continuarão a descer 10% ao ano. Este novo produto inverterá essa tendência — projetamos mesmo, na verdade, um aumento de 20% nas vendas durante os próximos cinco anos».

Não fazer nada é, às vezes, uma opção viável. Isto aplica-se frequentemente a projetos internos de melhoria. Suponhamos que uma organização da cadeia de distribuição quer modificar o programa de localização de peças para cumprir os padrões da indústria. O gestor que esteja a desenvolver a respetiva proposta incluirá a opção de nada fazer para mostrar às partes interessadas os custos que evitarão se aprovarem o projeto. Responderá a perguntas deste género: «Se não nos alinharmos com os padrões da indústria, que voltas teremos de dar para continuar a vender os nossos produtos? Perderemos clientes?» Se os custos de nada fazer não forem proibitivos, as partes interessadas podem decidir absorvê-los, de preferência a investir na alteração do programa.

Restringir as possibilidades

Quando analisei planos de negócio na GE, não gostava que me apresentassem só uma opção e me dissessem que era assim que tínhamos de fazer. Também não queria que alguém me fizesse correr 25 alternativas. O mais provável é que os membros da comissão de avaliação estejam à procura de um equilíbrio sensato. O ideal é apresentar às partes interessadas duas ou três opções razoáveis. Isto significa que é preciso podar a lista da nossa sessão de *brainstorming*. Perguntas como estas ajudam a fazê-lo:

- Que opção custa menos?
- Qual é a mais rápida de executar?
- Qual tem menores riscos?
- Qual traz mais receitas?

Muitas vezes, uma das opções satisfaz várias destas condições — mas cada ideia apresentada deve ter pelo menos uma grande coisa em seu favor. Não deve oferecer uma solução obviamente inaceitável em contraposição à escolha que prefere. Pareceria que está a tentar manipular quem avalia. Uma vez selecionadas umas quantas opções, deve falar com o defensor que identificou no início do processo — perguntar-lhe o que pensa das suas alternativas e quais têm maior possibilidade de serem aprovadas. É importante também analisar as opções com os especialistas nas várias áreas. Se houver numa determinada opção alguma coisa que seja impossível ou inaceitável, tem de ser modificada ou eliminada. Se uma opção, por exemplo, viola códigos ou padrões em vigor, é preciso revê-la para a tornar compatível.

Quando prepara os aspetos financeiros, uma das opções pode destacar-se como claramente vencedora, por isso a apresentará à comissão de avaliação — mas deve partilhar também outras opções que tenha considerado. Se olhou para três alternativas, mas viu imediatamente que duas não gerariam qualquer crescimento de receitas (ou iam sair caras de mais ou apresentam um problema de cumprimento das regras), há que explicá-lo na apresentação. As partes interessadas esperam ver que escolhas viáveis rejeitámos e com que fundamento.

Temos várias boas ideias para resolver o problema, mas isso é só meio caminho andado. É altura de ir um pouco mais fundo e considerar o que significaria pô-las em prática.

CAPÍTULO 8

Pensar a fundo o «como» em termos gerais

PARA CONSTRUIR UMA PROPOSTA FORTE é preciso pintar um quadro — com traços muito grossos — de como a organização poria em prática a solução que estamos a propor. Neste ponto, não estamos a traçar um plano pormenorizado do projeto. Longe disso. Estamos apenas a traçar um esboço básico do que o projeto requer de modo a que as nossas estimativas de custos e benefícios sejam realistas.

Isto ajuda-nos a ver mais claramente quem são aqueles de cujo apoio precisamos. Se começar a pensar a fundo o «como» e de repente se der conta de que o Marketing e as vendas terão de contribuir com recursos, tem de lhes pedir informações quando estiver a trabalhar nos aspetos financeiros e convencê-los antes de apresentar a proposta.

Este processo revela também os custos de transição, que muitos gestores esquecem (ver Capítulo 9, «Calcular custos e benefícios»). Por vezes estão tão empolgados a respeito da sua solução favorita que se esquecem de considerar como vão migrar os dados da empresa para esse novo sistema tão sofisticado. Como irão dar formação a toda a gente para aprender a usá-lo ou como fecharão e arquivarão o sistema antigo. Para obter o quadro mais completo possível do que a execução significará para o nosso projeto, teremos de trabalhar com a nossa equipa para receber o seu *feedback* e estabelecer um plano provisório.

Consultar a nossa equipa

Aqui, mais uma vez, chamaremos os especialistas nas várias áreas para que nos deem o seu contributo sobre várias questões práticas. Por exemplo:

- Que trabalho tem de ser feito antes de a empresa mudar para o novo sistema?
- Quem tem de o fazer?
- Que — e quem — envolverá efetivamente a mudança?
- Onde serão incorridos os maiores custos antes, durante e depois da mudança?
- Vamos introduzir o sistema de uma só vez em toda a empresa ou em várias vezes para diferentes clientes, departamentos ou locais?
- De que formação precisará o pessoal?
- Que sistemas, produtos ou processos serão eliminados quando este novo sistema for instalado?

Os beneficiários terão decerto opiniões convictas sobre como implementar a solução, visto que são muitas vezes quem terá de fazer o trabalho. Podem pensar que o sistema tem de ser lançado em toda a organização ao mesmo tempo. Ou podem acreditar que o seu departamento deve ser responsável por gerir o projeto. Deverá assegurar-se de que o seu plano reflete o seu contributo, de modo a ter o seu acordo quando chegar a altura de participarem. Suponhamos que está a propor o desenvolvimento de um novo produto para o mercado asiático. O Marketing e as Vendas da Ásia podem pensar que devem ser eles a gerir o projeto. Se a sua recomendação for que o projeto seja gerido pelo Departamento de I&D da Alemanha, poderá acrescentar que uma pessoa da equipa de Marketing da Ásia seja deslocada para a Alemanha ou que a análise dos protótipos e do desenho venha a ser feita em Hong Kong. Desta maneira, a equipa da Ásia não levantará obstáculos quando chegar a altura de pôr o projeto em prática.

Direcionar o plano

Nesta fase, ainda não precisa de um plano pormenorizado do projeto, por isso não se preocupe excessivamente com detalhes. Mas deverá, por exemplo, decidir se o novo sistema será usado em três países ou em cinco. Pode pensar depois em que país o fará primeiro, e assim por diante, conforme o que esteja a acontecer nesses mercados. Para já, saber apenas o «onde» a um nível geral ajudará a considerar que tipo de trabalho será necessário para ter o sistema pronto (traduzi-lo em três ou cinco línguas, testá-lo em grupos de utilizadores em cada país e assim por diante). Não está a determinar cada tarefa — apenas os tipos de tarefas e as pessoas envolvidas. Ao fazê-lo, pode chegar à conclusão de que, afinal, uma ou mais das suas alternativas não são viáveis. Talvez descubra um grande custo escondido ou verifique que uma das soluções, se for posta em prática, violará uma restrição declarada. Nesse caso, deve voltar à equipa de especialistas para que reconsiderem as opções ou gerem outras. Com as questões-chave identificadas e o rascunho do plano mapeado, está preparado para se voltar para os cálculos financeiros.

Secção 4
Trabalhar os números

CAPÍTULO 9

Calcular custos e benefícios

ANTES DE CALCULAR O ROI, é necessária uma projeção mais exata de custos e benefícios. Para muita gente (especialmente gente não técnica), trabalhar com estes números pode ser intimidante. Mas agora que já identificou e clarificou a necessidade em questão, reuniu a equipa adequada e testou as hipóteses, esta parte não será difícil.

Deve começar por calcular os custos e benefícios da opção que, com a sua equipa, considerou mais viável. Depois disso, explora as alternativas, ajustando os números. Custarão mais a implantar? Produzirão receitas mais cedo? Normalmente só mudará uns quantos números. Uma das opções, por exemplo, pode ser a de proceder a uma implementação faseada em vez de um lançamento universal. Os custos do projeto serão provavelmente semelhantes, mas alguns benefícios só aparecerão mais tarde — pelo que deve baixar os respetivos números para o primeiro ou os dois primeiros anos. Deve deter-se em duas ou três alternativas. Dá em doido — e dá com a sua equipa em doida — se explorar todas as possibilidades disponíveis. Há poucas ocasiões em que poderá precisar de desenvolver uma proposta a fundo para mais do que uma alternativa. Numa empresa financeira com a qual trabalhei, por exemplo, alguns executivos queriam contratar fora o *call center*; outros insistiam em mantê-lo internamente, atualizando o sistema já antigo. Sabíamos que a equipa de análise tinha advogados dos dois lados, de modo que tivemos de criar duas propostas separadas — uma para contratar fora esse serviço, outra para o atualizar — para igual consideração. Neste caso, a opção de contratar fora tinha um retorno mais rápido, mas acabava por não produzir tanto valor para a empresa. A organização decidiu-se pela atualização do sistema existente. Esta opção custou mais e levou mais tempo, mas também criou uma capacidade a longo prazo cujo retorno aumentou com o tempo.

Tirando exceções como esta, uma vez identificadas as nossas alternativas, convém juntar os números que sejam mais úteis para ajudar as partes interessadas a tomar uma decisão sólida.

Os números de que precisa

Deve basear as suas estimativas nas rubricas da demonstração de resultados da empresa — são esses os números que interessam a quem analisa a proposta. Juntos, os seus custos e benefícios formam o *cash-flow* do seu projeto. É preciso considerar quando começam e como mudarão ao longo do tempo. Não convém olhar para o total de dinheiro que a empresa vai «realizar» num prazo de cinco ou 10 anos. Em vez disso, deve mostrar-se um curso de despesas e receitas: gerar estimativas para cada ano até os benefícios se esgotarem.

Até quantos anos devemos ir? Depende do projeto. A empresa poderá ter diretrizes — ou as partes interessadas uma determinada preferência. Mas se assim não for, pode seguir estas regras gerais: para projetos de TI, calcule três a cinco anos de *cash-flow*. (Ao fim de cinco anos, a maior parte dos sistemas de TI tornou-se obsoleta.) Para propostas de desenvolvimento de produtos, devemos olhar para o ciclo de vida do produto. Em algumas indústrias, como a eletrónica de consumo, é de três anos. Noutras, como a indústria aeronaval, é de 15. Os projetos de infraestruturas precisam normalmente de 15 anos.

Tendo presentes estas linhas de orientação gerais, vamos coligir a informação de custos e benefícios.

Custos

Há dois tipos de custos. O primeiro tipo, *custos do projeto*, consiste em despesas do projeto e despesas de capital. As despesas do projeto ocorrem normalmente no princípio — tendem a incluir desenvolvimento, testes e qualificação, formação e mobilização de despesas de deslocação. São bastante simples de calcular: considerando o tipo de trabalho a realizar e a duração aproximada, elabore a sua estimativa de quanto custará completar esse trabalho. Geralmente, começo por avaliar de quantas pessoas preciso na equipa e, usando uma taxa média de salário, posso projetar os custos de pessoal. Depois, faço um cálculo aproximado das deslocações e dos materiais a adquirir para o projeto.

As despesas de capital não são tão simples. O custo de um projeto torna-se uma despesa de capital quando gastámos dinheiro para adquirir ou desenvolver um ativo. Qualquer coisa que seja capitalizada tem de ser depreciada — o que significa que o cálculo financeiro deve mostrar o seu decréscimo de valor ao longo da vida do ativo. No cálculo do ROI do nosso projeto tanto podemos registar o custo de um ativo num único número, no ano em que a empresa o adquiriu, como podemos estender esse custo ao longo dos anos de depreciação. (De qualquer maneira, fica registado o custo total.) Devemos verificar com a pessoa da área financeira como temos de representar os custos na nossa análise. As regras financeiras para as despesas de capital são complexas e mudam com frequência, de modo que é melhor ter a orientação de um especialista.

O segundo tipo de custos, *custos operacionais*, pode ser traiçoeiro, porque estamos a calcular quanto dinheiro será necessário para a manutenção daquilo que estamos a propor. Inclui custos gerais — como pessoal, espaço, manutenção e direitos e outras despesas correntes. Imagine: precisará de uma pessoa a tempo parcial para monitorizar o novo sistema de compras? Requererá o novo produto uma equipa de vendas que lhe seja dedicada exclusivamente e que compreenda as suas características técnicas? E mudanças no serviço de apoio? Alguns projetos vão reduzir os custos operacionais, de modo que é preciso ver também as despesas que eliminará além das que acrescentar.

O departamento que realiza o projeto incorre nos custos do projeto (a TI, se estivermos a criar um novo sistema de gestão de clientes). Em contrapartida, os custos operacionais podem aparecer em qualquer parte da empresa (nos departamentos que usarão o sistema, por exemplo).

Como vimos no Capítulo 8, «Pensar a fundo o «como» em termos gerais», muitos gestores esquecem os custos de transição, o tipo de despesas operacionais que entram em cena quando a organização muda de algo antigo para algo novo. Estes custos poderão incluir um pico temporário em defeitos de fabrico, por exemplo, ou um aumento das chamadas para o centro de apoio. Os projetos importantes, na sua maioria, causarão alguma disrupção e deverá ter isso em conta nas suas estimativas. Os especialistas em cada matéria da sua equipa devem ser capazes de identificar os custos de transição dos respetivos departamentos; estes devem ser incluídos numa linha separada na folha de cálculo do ROI.

Benefícios

Os benefícios consistem principalmente em receitas (dinheiro trazido através das vendas) e poupanças de produtividade (custos evitados através de maior eficiência). Olhemos para cada uma delas.

Receitas

Peça aos especialistas em matéria de vendas e Marketing que trabalhem consigo na estimativa das receitas. Eles ajudá-lo-ão a estabelecer metas realistas — tanto quanto esperar como quando o esperar.

Ajudá-lo-ão também a prever a reação da concorrência — um fator crucial a longo prazo. O fluxo de receitas de um novo produto pode estacionar ou decrescer quando um rival chegar ao mercado com uma oferta similar ou melhor. Tem de ver com a sua equipa o que aconteceu com produtos anteriores — e partir dessa premissa. As vendas cresceram regularmente durante os três primeiros anos e quando entraram concorrentes no mercado decaíram?

Ao considerar as receitas, inclua o *custo das mercadorias vendidas* (listado como COGS — *cost of goods sold* — na declaração de receitas). Isto fixa um preço nos materiais e trabalho exigidos para produzir o produto que está a vender. Para o fazer, é claro que primeiro terá de estimar quantas unidades venderá por ano — uma vez mais, os membros da sua equipa que são especialistas em vendas e Marketing poderão ajudá-lo. As pessoas esquecem-se muitas vezes de tomar em conta o custo das mercadorias vendidas e, assim, inflacionam as estimativas de receitas. Mas as partes interessadas quererão ver que o deduziu das receitas — é assim que se calcula a margem de lucro bruta.

Poupanças de produtividade

Algumas poupanças de produtividade estão relacionadas com os custos do produto, outras com as despesas gerais. Podemos conseguir as primeiras mudando de materiais ou automatizando a montagem. Estas poupanças mudam o custo base do produto e, por conseguinte, a margem de lucro bruta. Estas estimativas baseiam-se no número de unidades a produzir por ano. Em contrapartida, as poupanças de produtividade nas despesas gerais vêm de cortar gastos correntes permanentes que têm origem na gestão da empresa. Talvez um sistema de segurança que estejamos a propor possibilite à empresa contratar menos vigilantes sem comprometer a segurança. Essas poupanças são geralmente constantes — por outras palavras, são as mesmas todos os anos.

Se disser que o seu projeto poupará despesas gerais com o pessoal, as partes interessadas provavelmente perguntarão: «Quem é que vamos dispensar?» — e com toda a razão. A não ser que nos livremos de pessoas, continuaremos a ter de lhes pagar. Mesmo que argumente que essas pessoas farão outras coisas em vez do que faziam, não vai realmente poupar dinheiro. Está apenas a deslocar despesas de um lado para o outro dentro da organização. Mas pode ser capaz de cortar outro tipo de despesas operacionais: talvez a sua iniciativa elimine a necessidade de horas extraordinárias ou reduza erros dispendiosos ao dar mais tempo às pessoas para se concentrarem nas suas tarefas. Ou talvez a empresa gaste menos em contratos de manutenção.

Custos e benefícios intangíveis

Alguns custos e benefícios são difíceis de medir. Um novo sistema de controlo de tempo dos funcionários, por exemplo, pode afetar a moral — mas como quantificar esse custo para a empresa? Se uma nova característica do produto vai aumentar em geral a satisfação dos clientes, como se traduz esse benefício em dinheiro?

Sempre que possível, atribua números aos seus custos e benefícios. Esses números podem ser derivados das mudanças de comportamento que se esperam — isso são consequências que podem ser medidas. Se for afetado o moral, assistiremos a um aumento do absentismo? Em quanto? E as taxas de erros e os custos de formação? Quanto subirão? Se os clientes ficarem mais contentes, quantos clientes repetentes ganharemos? Quanto pouparemos em publicidade em consequência disso? Se pensamos que o novo sistema de gestão dos desempenhos aumentará a satisfação dos funcionários, quanto descerá a taxa de rotatividade? E quanto poupará à empresa em formação de novos contratados?

Se não puder quantificar certos custos ou benefícios, não os pode usar nos seus cálculos — embora deva mencioná-los quando apresentar o plano.

Onde ir buscar os números

Como decerto já percebeu, não vai calcular estas estimativas sozinho no seu gabinete. Está em contacto com beneficiários e especialistas de vários departamentos para obter uma informação exata. Se estiver a propor uma iniciativa para melhorar o processo de contratação com os fornecedores, fale com o Departamento de Compras. Se a sua proposta é colocar um produto num mercado novo, peça aos colegas de vendas e marketing que aumento de receitas esperam e se o produto irá canibalizar outras ofertas. Os especialistas da sua equipa já o ajudaram a identificar tipos de custos e benefícios — agora podem sugerir números reais a partir da perspetiva das suas funções.

Visto que não é incumbência de ninguém dar-lhe os números de que precisa, tem de recorrer, para os obter, às suas relações — que muitas vezes vão além do núcleo da sua equipa. Se for um gestor de TI que propõe um novo sistema de seguimento de clientes potenciais, pode pedir a um dos seus contactos nas vendas que verifique os seus custos e benefícios. Não tem ninguém a quem telefonar? Veja se o seu diretor ou um dos membros da sua equipa o pode pôr em contacto com alguém.

Quando está a apresentar um plano de um tipo de projeto inteiramente novo para a empresa, pode recorrer à sua rede de relações profissionais mais ampla para obter os números, como fez ao ponderar várias opções e selecionar algumas. Pode perguntar a pessoas de outras empresas quanto gastaram em projetos similares. Não vão entregar-lhe os planos pormenorizados — que consideram ser propriedade deles —, mas podem estar dispostos a dar uma ideia geral, dizendo, por exemplo, que lhes custou cerca de 20 milhões de dólares instalar um software SAP.

Pode também obter estimativas gerais de fornecedores, baseadas na sua experiência de fazer um trabalho semelhante para outros clientes. Se trabalhar para uma empresa grande, pode pedir informação a outras divisões operacionais.

Seja qual for a fonte, não leve os números à letra. O seu contacto nas vendas pode dar-lhe previsões a cinco anos que lhe pareçam baixas. É preciso averiguar em que as baseia, como se comparam com as vendas de outros produtos e se está disposto a confirmar esses números quando os partilhar com a comissão de avaliação. Tenha presente que certos departamentos têm tendência para exagerar ou minimizar os números. As pessoas das vendas que ganham prémios de produção podem subestimar esses números de modo a poderem atingir os objetivos. Colegas do Marketing que querem ver aprovado um novo produto podem dar-lhe um número mais alto. Compreender enviesamentos como estes pode ajudá-lo a fazer as perguntas certas para obter os números mais equilibrados e exatos possível. As pessoas nunca lhe dirão, é claro, que os números são enviesados. Dirão que são realistas. Para avaliar a exatidão das suas estimativas, deverá perguntar-lhes qual seria o impacto de um número 20% mais alto ou 20% mais baixo. Se obtiver uma reação emocional a essas perguntas, há uma grande possibilidade de que, quer tenham consciência disso quer não, lhe tenham dado um número enviesado. Nesse caso, é bom verificar com outro especialista na matéria os números que inicialmente recebeu. Se as diferenças entre estimativas tiverem um grande intervalo, sinaliza um risco para o projeto. Deve escolher o valor que lhe parece mais realista e testar os números para o melhor e para o pior dos casos (ver o Capítulo 11, «Tomar em conta os riscos»).

Só deve usar — e apresentar — números que tenham a concordância do departamento afetado. Quando o CFO questionar as suas previsões, quererá estar em condições de lhe dizer que a sua equipa os subscreve. Se não conseguir sustentar os números quando as partes interessadas os escrutinarem, toda a sua argumentação perde credibilidade.

Repito: é aqui que ter amigos no Departamento Financeiro ajuda enormemente. Eles sabem em que áreas o dinheiro é gasto e têm acesso rápido a esses números. Estão familiarizados com todas as linhas da demonstração de resultados e sabem quanto custaram à empresa os projetos passados. Se não tiver já um bom contacto no Departamento Financeiro, vale a pena encontrar um e cultivar essa relação. Pergunte ao seu chefe quem é o apoio do seu departamento no grupo financeiro. Depois fale com essa pessoa e diga-lhe que está interessado em compreender os números do departamento e como o seu trabalho os pode afetar. É boa ideia fazer isto logo após a saída do relatório trimestral. Mostrar esse interesse vai dar-lhe um amigo e provavelmente vai aprender alguma coisa pelo caminho.

Rastrear de onde surge cada número

À medida que colige os seus números, vá registando cada um deles numa folha de cálculo como a do Capítulo 10, «Calcular o ROI — o retorno do investimento» (ver a Figura 10-1). Pode adequar esta folha de cálculo às suas circunstâncias. Se estiver a realizar um projeto de TI, projetará os números a três ou cinco anos, não a 10. Lista os seus custos e benefícios — e regista, a par as presunções e fontes. É crucial ter esta informação quando se fizer a análise de risco e a apresentação às partes interessadas. Se uma das despesas é em novo *software*, a lista deve incluir o montante, número de licenças e quaisquer outros dados que tenha assumido acerca do preço. Deve depois documentar quem lhe deu a estimativa. Mais tarde, quando lhe perguntarem de onde veio aquele número, terá a informação ali mesmo, na folha de cálculo.

A folha de cálculo completa poderá ter 50 linhas ou mais de 100 — o que for preciso para orçamentar com exatidão o custo do nosso projeto e justificar os seus benefícios. Registar a fonte dos dados financeiros pode parecer maçador, mas vai poupar--lhe tempo mais tarde. E estar em condições para responder às perguntas da comissão de avaliação durante a apresentação vai aumentar decisivamente a sua credibilidade.

Gerir a incerteza

Estamos a lidar com estimativas e previsões, por isso, trabalhe com números redondos. Se estiver a prever vendas, pode dizer que verá 5 milhões de dólares no primeiro ano, 8 milhões no ano seguinte e 12 milhões no ano depois desse. Ninguém espera que nesta altura do processo tenha uma lista pormenorizada, 100% exata, dos custos e benefícios.

Na verdade, muitos dos números serão palpites bem informados. Trabalhei há meia dúzia de anos com uma empresa que queria instalar um sistema ERP. O gestor de TI que estava a elaborar a proposta falou com três dos seus contactos noutras empresas para lhes perguntar o que tinham gastado em sistemas similares. Obteve três números tremendamente diferentes. Qual é que usou? O do meio. Mas também fez o cálculo usando o número mais alto (considerando o pior dos casos) e o mais baixo (o melhor dos casos). É o que devemos fazer se há um alto grau de incerteza em relação a alguns dos números. Identifique uma escala e use o número do meio.

Também se pode reduzir a incerteza usando o *benchmarking* com outros que a nossa empresa tenha empreendido. Estas comparações vão muitas vezes dar-nos os números mais exatos porque estamos a lidar com sistemas, pessoas e processos conhecidos.

Mesmo assim, permanecerá alguma incerteza e a direção compreenderá. Se estiver errado — se, por exemplo, estimou os custos em 7 milhões de dólares, mas descobriu, mais tarde, que o projeto custará mais perto de 8 milhões —, provavelmente as pessoas não o vão criticar, exigindo saber porque é que se enganou. O mais provável (assumindo que desenvolveu e apresentou uma proposta sólida) é que perguntem: «Muito bem, onde podemos chegar com 7 milhões?».

Ignorar os custos irrecuperáveis

Em certos casos, pode estar a fazer um plano de negócio para um projeto já em curso, para as partes interessadas decidirem se querem continuar ou mudar de rumo. Numa situação destas, é preciso ter em conta os custos irrecuperáveis — o dinheiro que já se gastou —, mas não devem ser incluídos nas estimativas ou no cálculo do ROI. Deve saber o montante total, para o caso de as partes interessadas terem perguntas a esse respeito, mas não deve permitir que sejam um fator que pese excessivamente na decisão. Se o fizer, podem decidir manter o financiamento do projeto, visto já se ter gastado tanto dinheiro nele — e é assim que as empresas se enterram em gigantescos buracos financeiros.

Tome-se, por exemplo, uma empresa de aluguer de equipamentos com a qual trabalhei e que queria abolir totalmente o papel. O líder do projeto estimou que levaria três anos e custaria 25 milhões de dólares. Três anos mais tarde, a empresa já tinha gastado 35 milhões, com apenas um quarto do trabalho feito. A equipa refez a proposta, ignorando sensatamente os 35 milhões já gastos e as partes interessadas decidiram não avançar — não valia a pena, à luz de todos as complicações que se sabia agora que eram de esperar.

Usando a estimativa que esboçámos dos custos e benefícios, podemos passar ao cálculo do ROI.

CAPÍTULO 10

Calcular o ROI (retorno do investimento)

O RETORNO DO INVESTIMENTO (ROI) é uma forma mais incisiva de analisar o valor financeiro do nosso projeto. Pense nele como uma medida relativa da «nobreza» do projeto, pois ajuda as organizações a compararem projetos e a decidirem com quais avançar.

Boas notícias para os alérgicos a matemática: leva um milésimo de segundo calcular o ROI numa folha de cálculo (o Excel poupa-nos a fazer manualmente equações diferenciais parciais de quinta ordem). Muitas empresas têm minutas, como a da Figura 10-1, em que basta colocar os números e o programa faz o resto.

Eis a fórmula clássica do ROI:

ROI = Benefícios líquidos/Custo total
(O benefício líquido é o benefício total menos o custo total.)

Um ROI positivo é bom. Um negativo significa que não vale a pena fazer o projeto. Quanto maior o ROI, tanto melhor o projeto. Mas isto é uma medida estática que não toma em consideração as mudanças em benefícios e custos ao longo do tempo.

FIGURA 10-1

Folha de cálculo básica do ROI

Antes de escolher o método de calcular o ROI, introduza os custos e benefícios numa folha de cálculo como a que é mostrada aqui. Isto serve de ponto de partida para qualquer técnica de ROI.

Estimativa e aprovação do projeto **Folha de trabalho**

Investimento no projeto												Explicação da estimativa
Montante	Montante	Ano 1	Ano 2	Ano 3	Ano 4	Ano 5	Ano 6	Ano 7	Ano 8	Ano 9	Ano 10	
Categoria 1 *(p. ex., fornecimento de HW)*												
Categoria 2 *(p. ex., modernização de instalações)*												
Custos totais de capital	$ -											
Despesas do projeto (uma só vez)												
Categoria 1 *(p. ex., custos de pessoal)*												
Categoria 2 *(p. ex., deslocações)*												
Total de despesas	$ -											
Investimento total no projeto	$ -	$ -	$ -	$ -	$ -	$ -	$ -	$ -	$ -	$ -	$ -	

Custos operacionais	Montante	Ano 1	Ano 2	Ano 3	Ano 4	Ano 5	Ano 6	Ano 7	Ano 8	Ano 9	Ano 10	
Categoria 1 *(p. ex., licenças de SW)*												
Categoria 2 *(p. ex., manutenção)*												
Total de custos operacionais		$ -	$ -	$ -	$ -	$ -	$ -	$ -	$ -	$ -	$ -	

Benefícios do projeto (montante e datas)	Montante	Ano 1	Ano 2	Ano 3	Ano 4	Ano 5	Ano 6	Ano 7	Ano 8	Ano 9	Ano 10	
Vendas												
Incremento												
Mudanças infraestruturais (poupanças+ custos -)												
Pessoal de apoio, etc.												
Impacto nas operações (poupanças+ custos -)												
Redução dos custos de apoio do projeto												
Total anual												
Total acumulado		$ -	$ -	$ -	$ -	$ -	$ -	$ -	$ -	$ -	$ -	

	Ano 1	Ano 2	Ano 3	Ano 4	Ano 5	Ano 6	Ano 7	Ano 8	Ano 9	Ano 10
Total anual	$ -	$ -	$ -	$ -	$ -	$ -	$ -	$ -	$ -	$ -
Total acumulado	$ -	$ -	$ -	$ -	$ -	$ -	$ -	$ -	$ -	$ -

FIGURA 10-2

Quatro maneiras de calcular o ROI

Método	Responde à pergunta...	Expresso em...	Normalmente usado para...
Análise de *breakeven* – o Ponto de Equilíbrio	Quantas vendas são necessárias para recuperar o investimento?	Unidades vendidas	Projetos focados no mercado, como o desenvolvimento de produtos, atividades de empreendedorismo
Período de recuperação do investimento	Quanto tempo levará a recuperar o investimento?	Meses ou anos	Projetos com um pesado investimento à cabeça, como projetos de infraestruturas; projetos de produtividade que acumulam benefícios ao longo do tempo
Valor líquido atual	Quanto vale este projeto para a empresa?	Dólares	Projetos com grandes despesas
Taxa Interna de Rendibilidade	Qual a taxa de retorno que este projeto produzirá em todo o seu ciclo de vida?	Percentagem	Projetos em que a empresa publica relatórios externamente, especialmente aqueles que requerem o recurso a créditos

Deste modo, a maior parte das empresas usa uma das técnicas dinâmicas mais avançadas descritas na Figura 10-2.

O melhor método para nós — análise de *breakeven*, período de recuperação, VAL ou taxa interna de rentabilidade (TIR) — dependerá da natureza do nosso projeto e do que é mais importante para a nossa empresa. Se a empresa tem uma abordagem padronizada, é bom respeitá-la, pois, assim, as partes interessadas podem facilmente comparar o nosso projeto com outros. Ou podemos precisar de aplicar vários métodos para acomodar uma variedade de preferências.

Afortunadamente, pode começar com a mesma folha de cálculo básica apresentada na Figura 10-1, independentemente das técnicas que use. Depois de passar as suas estimativas, pode criar a partir dela outras folhas de cálculo para efetuar os diferentes tipos de cálculo.

Análise do breakeven

Esta análise diz-nos quantas unidades de um produto temos de vender para pagar o projeto (ver Figura 10-3). Geralmente, as empresas usam-na para novos produtos e outros projetos centrados no Marketing — ponderam a sua análise em termos da dimensão da oportunidade de mercado. Esta técnica não revela *quanto tempo* levamos a chegar ao ponto de equilíbrio, de modo que é especialmente útil quando não temos a certeza de datas — quando começará o projeto, quanto tempo durará e assim por diante. Os empreendedores usam muitas vezes esta análise para mostrar aos investidores quantas unidades têm de ser vendidas até darem lucro.

Não é o melhor método quando temos custos operacionais altos dependentes do tempo ou benefícios infraestruturais que não estão relacionados com o volume do produto, visto que é impossível quantificar o impacto desses fatores na venda de unidades. Nestes casos, provavelmente interessará determinar em vez disso o VAL.

FIGURA 10-3

Exemplo de *breakeven*

Quando elaborar a folha de cálculo básica do ROI para determinar o ponto de equilíbrio, deverá ter este aspeto.

Estimativa e aprovação do projeto *Break-even*

Investimento no projeto	Montante	Explicação da estimativa
Capital		
Categoria 1 *(Fornecimento de HW)*	$ -	Nenhuma
Custos totais de capital	$ -	
Despesas do projeto (uma só vez)		
Estudo do conceito	(50,000)	Similar ao projeto XYZ
Desenvolvimento	$ (300,000)	Similar ao projeto XYZ
Testes e validação	$ (100,000)	baseado na matriz de conformidade com as regras
Industrialização e comercialização	(50,000)	Similar ao projeto XYZ
Total de despesas	$ (500,000)	
Investimento total no projeto	**$ (500,000)**	

Custos operacionais	Montante	
Categoria 1 *(Licenças de SW)*	-	Nenhuma
Total de custos operacionais		

Benefícios do projeto (Montante e datas)	Montante	
Vendas		incremento de vendas de 1 milhão ao preço de 1000 e 30% de margem bruta, segundo o Bob do Marketing
Incremento	$300,000/Ano	
Mudanças infraestruturais (poupanças + custos -)		Nenhuma
Impacto nas operações (poupanças + custos -)		redução dos custos de garantias e serviço de apoio, segundo a Sue do Apoio ao Cliente
Redução dos custos de apoio do projeto	$100,000/Ano	
Outros benefícios	$ -	Nenhuma
Total de benefícios		

Para calcular o ponto de equilíbrio, determine, em primeiro lugar, a margem bruta da venda de uma unidade do seu produto:

Receita — COGS = Margem Bruta

Depois pode determinar quantas unidades precisa de vender para que o benefício das vendas iguale os custos totais.

Número de Unidades do *breakeven* = Custo líquido do projeto/Margem bruta

Eis o que esses cálculos dariam usando os números da folha de cálculo da Figura 10-3. A sua margem bruta da venda de uma unidade é de 300 dólares. (Ver «Explicação da estimativa» dos benefícios nas vendas da folha de cálculo: 30% de 1000 é 300. Se não souber já qual é a margem bruta, pode calculá-la subtraindo os COGS da receita, como referido acima.) Neste caso, teremos o nosso custo líquido do projeto (400 mil dólares), adicionando um ano de ganhos de produtividade (100 mil dólares) ao investimento total no projeto (menos 500 dólares). Agora já pode inserir esses números na fórmula de *breakeven*:

Número de unidades
do *breakeven* = $400,000/$300

Terá atingido o ponto de equilíbrio quando tiver vendido 1344 unidades (arredondando 1333,33, porque não pode vender um terço de uma unidade).

Período amortização

O período de recuperação do investimento, uma das formas mais simples de calcular o ROI tendo em conta o tempo, diz-nos quanto leva recuperar o dinheiro investido.

Pode criar uma folha de cálculo básica desta modalidade com uma lista dos custos e benefícios totais que os distribui ao longo do tempo, quer por mês quer por ano (normalmente por ano — ver as Figuras 10-4 e 10-5 com exemplos). Determina os totais do período somando os números do mês ou do ano — que refletem o *cash-flow* mensal ou anual. Depois, calcula o *cash-flow* acumulado adicionando os totais de cada período.

O normal é começar com um *cash-flow* negativo porque está a gastar no projeto, mas ainda não obteve retorno. Os benefícios deverão acabar por compensar os custos. O ponto de recuperação do investimento ocorre quando o *cash-flow* acumulado muda de negativo para positivo — quando os benefícios acumulados excedem os custos acumulados.

Pode iniciar o período de recuperação do investimento depois de concluído o projeto, quando os benefícios começam a entrar (como na Figura 10-4, que mostra o que é conhecido por Tipo 0) ou quando o trabalho no projeto tem início, para captar o dinheiro e o tempo investidos ao longo do tempo todo (como na Figura 10-5, que mostra o Tipo 1). Nenhuma das abordagens é melhor ou pior do que a outra. Só é preciso assegurarmo-nos de que estamos a seguir a norma da empresa ou do que foi acordado com as partes interessadas que método usar.

No exemplo do Tipo 0 (Figura 10-4), quando o projeto está concluído, começamos com um buraco de 500 mil dólares. Depois, no Ano 1, ganhamos 400 mil dólares de benefícios — de modo que ainda estamos negativos em 100 mil dólares, mas estamos a sair do buraco. O projeto torna-se positivo no Ano 2, de modo que sabemos que o período de recuperação do investimento será de um ano completo mais uma fração do segundo ano. Para calcular isto, tomemos o último ano de *cash-flow* acumulado negativo (Ano 1) e, usando o valor absoluto do total acumulado nesse ano, dividimo-lo pelo *cash-flow* anual do ano seguinte.

Neste caso, é 100 mil dólares a dividir por 400 mil, ou seja, 0,25 (note-se que deixámos cair o negativo da primeira figura —

FIGURA 10-4

Exemplo de recuperação do investimento de Tipo 0

Para calcular o período de recuperação do investimento a partir da conclusão do projeto, use uma folha de cálculo de Tipo 0. Na primeira coluna (intitulada «Projeto») inserem-se os custos incorridos durante o projeto, quer este tenha levado a concluir uns quantos meses ou uns quantos anos. Os benefícios aparecem na segunda coluna (Ano 1) e colunas subsequentes.

Estimativa e aprovação do projeto — **Recuperação do investimento de Tipo 0**

Investimento no projeto	Montante	Projeto	Ano 1	Ano 2	Ano 3	Explicação da estimativa
Capital						
Categoria 1 *(p. ex., fornecimento de HW)*	$ -					Nenhuma
Custos totais de capital	$ -					
Despesas do projeto (uma só vez)						
Estudo do conceito	$ (50,000)	$ (50,000)				Similar ao projeto XYZ
Desenvolvimento	$ (300,000)	$ (300,000)				Similar ao projeto XYZ
Testes e validação	$ (100,000)	$ (100,000)				baseado na atual matriz de conformidade com as regras
Industrialização e comercialização	$ (50,000)	$ (50,000)				Similar ao projeto XYZ
Total de despesas	$ (500,000)					
Investimento total no projeto	**$ (500,000)**	**$ (500,000)**	**$ -**	**$ -**	**$ -**	

Custos operacionais	Montante	Projeto	Ano 1	Ano 2	Ano 3	
Categoria 1 *(p. ex., licenças de SW)*	$ -					nenhuma
Total de custos operacionais		**$ -**	**$ -**	**$ -**	**$ -**	

Benefícios do projeto (Montante e datas)	Montante	Projeto	Ano 1	Ano 2	Ano 3	
Vendas						
Incremento	$300,000/Ano		$ 300,000	$ 300,000	$ 300,000	incremento de vendas de 1 milhão ao preço de 1000 e 30% de margem bruta, segundo o Bob do Marketing
Mudanças infraestruturais (poupanças + custos -)						nenhuma
Impacto nas operações (poupanças + custos -)						
Redução dos custos de apoio do projeto	$100,000/Ano		$ 100,000	$ 100,000	$ 100,000	redução dos custos de garantias e serviço de apoio, segundo a Sue do Apoio ao Cliente
Outros benefícios	$ -					nenhuma
Total de benefícios		**$ -**	**$ 400,000**	**$ 400,000**	**$ 400,000**	
	Total anual	**$ (500,000)**	**$ 400,000**	**$ 400,000**	**$ 400,000**	
	Total acumulado	**$ (500,000)**	**$ (100,000)**	**$ 300,000**	**$ 700,000**	

FIGURA 10-5

Exemplo de recuperação do investimento de Tipo 1

Numa folha de cálculo de Tipo 1, comece por calcular o período de recuperação do investimento a partir do dia em que o projeto é lançado. Cada coluna representa normalmente um ano. Se o projeto leva menos de um ano a completar a primeira coluna, conterá tanto custos como benefícios. Se leva mais de um ano, a primeira coluna só conterá custos do projeto; os benefícios aparecerão numa coluna posterior.

Estimativa e aprovação do projeto — **Recuperação do investimento de Tipo 1**

Investimento no projeto	**Montante**	**Ano 1**	**Ano 2**	**Ano 3**	**Ano 4**	**Explicação da estimativa**
Capital						
Categoria 1 *(p. ex., fornecimento de HW)*	$ -					Nenhuma
Custos totais de capital	$ -					
Despesas do projeto (uma só vez)						
Estudo do conceito	$ (50,000)	$ (50,000)				Similar ao projeto XYZ
Desenvolvimento	$ (300,000)	$ (300,000)				Similar ao projeto XYZ
Testes e validação	$ (100,000)	$ (50,000)	$ (50,000)			baseado na atual matriz de conformidade com as regras
Industrialização e comercialização	$ (50,000)		$ (50,000)			Similar ao projeto XYZ
Total de despesas	$ (500,000)					
Investimento total no projeto	**$ (500,000)**	**$ (400,000)**	**$ (100,000)**	**$ -**	**$ -**	
Custos operacionais	**Montante**	**Ano 1**	**Ano 2**	**Ano 3**	**Ano 4**	
Categoria 1 *(p. ex., licenças de SW)*	$ -					nenhuma
Total de custos operacionais		$ -	$ -	$ -	$ -	
Benefícios do projeto (Montante e datas)	**Montante**	**Ano 1**	**Ano 2**	**Ano 3**	**Ano 4**	
Vendas						
Incremento	$300,000/Ano		$ 225,000	$ 300,000	$ 300,000	incremento de vendas de 1 milhão ao preço de 1000 e 30% de margem bruta, segundo o Bob do Marketing
Mudanças infraestruturais (poupanças + custos -)						nenhuma
Impacto nas operações (poupanças + custos -)						redução dos custos de garantias e serviço de apoio, segundo a Sue do Apoio ao Cliente
Redução dos custos de apoio do projeto	$100,000/Ano		$ 75,000	$ 100,000	$ 100,000	
Outros benefícios	$ -					nenhuma
Total de benefícios		**$ -**	**$ 300,000**	**$ 400,000**	**$ 400,000**	
	Total anual	**$ (400,000)**	**$ 200,000**	**$ 400,000**	**$ 400,000**	
	Total acumulado	**$ (400,000)**	**$ (200,000)**	**$ 200,000**	**$ 600,000**	

estamos a usar o valor absoluto). Levar-nos-á 1,25 anos a recuperar o investimento.

Vejamos agora o exemplo do Tipo 1 (Figura 10-5). Ao fim do Ano 1, teremos esportulado a maior parte dos custos do projeto (400 mil dólares), sem que tenham produzido ainda quaisquer benefícios. No Ano 2, gastaremos mais 100 mil dólares nos primeiros três meses para acabar o projeto, mas isso será contrabalançado pelas poupanças de produtividade e pelas novas vendas dos restantes nove meses, de modo que estaremos a perder 200 mil dólares no fim do ano. No Ano 3, obtemos na sua integralidade os 400 mil dólares de benefícios.

Para calcular o período de recuperação do investimento no Tipo 1, tomamos o último ano em que o *cash-flow* acumulado ainda foi negativo (Ano 2) e, usando outra vez o valor absoluto do *cash-flow* acumulado desse ano, dividimo-lo pelo *cash-flow* anual do ano seguinte (neste caso, 200 mil dólares divididos por 400 mil). Serão, assim, dois anos e meio até recuperarmos o nosso investimento.

Com cada tipo de cálculo obtêm-se números completamente diferentes. As empresas usam muitas vezes o Tipo 0 para analisar projetos mais pequenos com prazos incertos. Para projetos maiores, que implicam muito dinheiro, as empresas preferem o Tipo 1 porque querem saber quando recuperarão o investimento. Para usar o Tipo 1, precisamos de ter uma boa ideia de quanto tempo o projeto levará — de outra maneira, os cálculos sairão muito ao lado.

Um dos inconvenientes do método do período de recuperação do investimento: não mostra o que acontece depois de recuperado o seu dinheiro. Digamos que recuperará o investimento num novo produto em dois anos e depois disso espera um crescimento exponencial das vendas. Com esta técnica, as partes interessadas não saberiam a diferença entre esse produto e outro semelhante para o qual as vendas começam a decair dois anos depois. Se a sua empresa usa o cálculo do período de recuperação do investimento como padrão, mas espera que os benefícios aumentem ou decresçam significativamente depois do ponto de recuperação, deve calcular também o valor atual líquido.

Valor atual líquido (VAL)

O *valor atual líquido* (VAL) mostra o valor atual de um investimento a longo prazo descontando os *cash-flows* futuros, de modo a que possamos ver qual seria o impacto em valores atuais do nosso projeto a 10 anos. É o meu método favorito de calcular o ROI — creio que é aquele que dá a visão mais completa do valor de um projeto. Tanto o VAL como a técnica que veremos a seguir, o TIR, assentam no princípio do valor do dinheiro no tempo, segundo o qual o poder de compra do dinheiro é maior hoje do que o poder de compra do mesmo montante no futuro.

Se o VAL for negativo, o projeto não é bom. Acabará por drenar dinheiro da empresa e não deveria sequer ser posto em cima da mesa. Se for positivo, podemos fazer uma defesa sólida do projeto. Quanto maior o número positivo, maior o benefício.

O VAL é particularmente útil ao comparar o valor intrínseco de dois projetos que se excluam mutuamente. As partes interessadas podem olhar para o VAL do nosso projeto e de um projeto completamente diferente e fazer uma comparação equitativa.

Eis o cálculo:

$$\text{Valor atual líquido} = \sum \frac{\textit{Cash-flow}\text{ Total do ano n}}{(1 + \text{Taxa de desconto})^{n}}$$

Em que *n* é o ano cujo *cash-flow* está a ser descontado.

Isto é a soma do valor presente dos *cash-flows* (positivos e negativos) de cada ano associado ao investimento, descontado de maneira que é expresso em dólares atuais.

Felizmente, não temos de fazer isto à mão. O Excel fá-lo por nós quando inserimos o fluxo de custos e benefícios ao longo de um certo intervalo.

Como podemos ver, o exemplo da Figura 10-6 tem um VAL alto comparado com o nível de investimento (mesmo 1 dólar positivo é considerado bom). Teríamos uma forte possibilidade de conseguir que o projeto fosse aprovado, desde que estivesse

FIGURA 10-6

Exemplo de VAL

Deve-se calcular o VAL quando se queira mostrar o valor em dólares atuais de um investimento a longo prazo.

Estimativa e aprovação do projeto — VAL

Investimento no projeto

	Montante	Ano 1	Ano 2	Ano 3	Ano 4	Ano 5	Ano 6	Explicação da estimativa
Capital								
Categoria 1 *(p. ex., fornecimento de HW)*	$ -							Nenhuma
Custos totais de capital	$ -							
Despesas do projeto (uma só vez)								
Estudo do conceito	$ (50,000)	$ (50,000)						Similar ao projeto XYZ
Desenvolvimento	$ (300,000)	$ (300,000)						Similar ao projeto XYZ
Testes e validação	$ (100,000)	$ (50,000)	$ (50,000)					baseado na atual matriz de conformidade com as regras
Industrialização e comercialização	$ (50,000)		$ (50,000)					Similar ao projeto XYZ
Total de despesas	$ (500,000)							
Investimento total no projeto	**$ (500,000)**	**$ (400,000)**	**$ (100,000)**	**$ -**	**$ -**	**$ -**	**$ -**	

Custos operacionais

	Montante	Ano 1	Ano 2	Ano 3	Ano 4	Ano 5	Ano 6	Explicação da estimativa
Categoria 1 *(p. ex., licenças de SW)*	$ -							nenhuma
Total de custos operacionais		$ -	$ -	$ -	$ -	$ -	$ -	

Benefícios do projeto (Montante e datas)

	Montante	Ano 1	Ano 2	Ano 3	Ano 4	Ano 5	Ano 6	Explicação da estimativa
Vendas								
Incremento	$300,000/Ano		$ 225,000	$ 300,000	$ 300,000	$ 300,000	$ 300,000	incremento de vendas de 1 milhão ao preço de 1000 e 30% de margem bruta, segundo o Bob do Marketing
Mudanças infraestruturais (poupanças + custos -)								nenhuma
Impacto nas operações (poupanças + custos -)								
Redução dos custos de apoio do projeto	$100,000/Ano		$ 75,000	$ 100,000	$ 100,000	$ 100,000	$ 100,000	redução dos custos de garantias e serviço de apoio, segundo a Sue do Apoio ao Cliente
Outros benefícios	$ -							nenhuma
Total de benefícios		**$ -**	**$ 300,000**	**$ 400,000**	**$ 400,000**	**$ 400,000**	**$ 400,000**	
Total anual		**$ (400,000)**	**$ 200,000**	**$ 400,000**	**$ 400,000**	**$ 400,000**	**$ 400,000**	

Taxa de desconto:	8.0%

VAL: $1,011,899

alinhado com os objetivos da empresa e não concorresse com projetos de valor mais alto. Assumindo que a estimativa dos custos do nosso projeto tem uma margem de erro de 25%, não devemos recomendar uma opção com um VAL de menos de 25% do custo do projeto. De outra maneira, as partes interessadas podem temer que, uma vez iniciado o projeto, o VAL verdadeiro se revele mais próximo de zero.

Uma nota sobre a fórmula: a função «VAL» no Excel começa a descontar no primeiro ano dentro da fórmula. No entanto, quaisquer custos ou benefícios do ano corrente não devem ser descontados — já estão em valores atuais. Assim, é preciso remover o valor do ano corrente da fórmula VAL do Excel e somá-la manualmente ao VAL dos restantes anos.

ESCOLHER A TAXA DE DESCONTO PARA O VAL

Para calcular o VAL, precisamos de incluir na nossa fórmula uma taxa de desconto. Isto está associado ao custo atual do dinheiro. Mudará de ano para ano, consoante a saúde da empresa, a saúde da economia e a tolerância do risco das partes interessadas. Na economia atual, a maior parte das empresas está a usar 5 a 10%. Numa boa economia, usarão 10 a 15%. Alguém do Departamento Financeiro poderá dizer-nos que taxa usar ou já estará preenchida na minuta da empresa. Se não for este o caso, podemos usar a taxa de juro da empresa ou a taxa de referência (a que for mais alta), mais 5%.

Taxa interna de retorno (TIR)

A *taxa interna de retorno* (TIR) mostra o valor do investimento de um projeto. Diz-nos essencialmente que taxa de retorno obteríamos se investíssemos o mesmo montante num certificado de depósito que tivesse um desempenho tão bom como o nosso projeto.

Se a TIR é baixa, não deverá realizar o projeto — há maneiras melhores de gastar o dinheiro. Se é alta, tem uma boa possibilidade de que seja aprovado (como no caso do VAL, quanto mais alta a taxa, maior o benefício). Os especialistas em finanças usam muitas vezes esta técnica para determinar se vale a pena pedir dinheiro emprestado para um projeto. Os banqueiros quererão saber qual a taxa de retorno sobre o dinheiro que emprestam, para se assegurarem de que a nossa empresa poderá reembolsar os juros e o capital.

Empreendedores, tomem nota: os investidores querem compreender a TIR da mesma maneira que os banqueiros. A taxa de retorno indica o que podem esperar receber do seu investimento quando saírem.

Eis o cálculo:

$$0 = \sum \frac{\textit{Cash-flow} \text{ do Ano n}}{(1 + \text{Taxa de retorno})^n}$$

Em que *n* é o ano cujo *cash-flow* está a ser descontado.

Uma vez mais, abençoado *software*.

Muita gente calcula a TIR quando calcula o VAL, dado que ambos usam os mesmos números e é só mais uma fórmula na folha de cálculo. O exemplo da Figura 10-7 mostra uma TIR de 72,4% — um excelente resultado. Não é provável que consiga um retorno tão elevado noutros tipos de investimento.

Que fazer com números negativos ou baixos

Quando, por exemplo, os cálculos mostram um VAL negativo ou uma TIR muito baixa, é preciso reavaliar o plano de negócio que está a fazer. Se o projeto foi ideia sua, é bom voltar atrás e verificar cuidadosamente as alternativas e os números. A não ser que

FIGURA 10-7

Exemplo de TIR

Calcula-se a TIR para determinar o valor do investimento no nosso projeto. É uma métrica útil se quiser pedir fundos a um banco, por exemplo, ou atrair investidores para uma *startup*.

Estimativa e aprovação do projeto **TIR**

Investimento no projeto	**Montante**	**Ano 1**	**Ano 2**	**Ano 3**	**Ano 4**	**Ano 5**	**Ano 6**	**Explicação da estimativa**
Capital								
Categoria 1 *(p. ex., fornecimento de HW)*	$ -							Nenhuma
Custos totais de capital	$ -							
Despesas do projeto (uma só vez)								
Estudo do conceito	$ (50,000)	$ (50,000)						Similar ao projeto XYZ
Desenvolvimento	$ (300,000)	$ (300,000)						Similar ao projeto XYZ
Testes e validação	$ (100,000)	$ (50,000)	$ (50,000)					baseado na atual matriz de conformidade com as regras
Industrialização e comercialização	$ (50,000)		$ (50,000)					Similar ao projeto XYZ
Total de despesas	$ (500,000)							
Investimento total no projeto	**$ (500,000)**	**$ (400,000)**	**$ (100,000)**	**$ -**	**$ -**	**$ -**	**$ -**	

Custos operacionais	**Montante**	**Ano 1**	**Ano 2**	**Ano 3**	**Ano 4**	**Ano 5**	**Ano 6**	
Categoria 1 *(p. ex., licenças de SW)*	$ -							nenhuma
Total de custos operacionais		$ -	$ -	$ -	$ -	$ -	$ -	

Benefícios do projeto (Montante e datas)	**Montante**	**Ano 1**	**Ano 2**	**Ano 3**	**Ano 4**	**Ano 5**	**Ano 6**	
Vendas								
Incremento	$300,000/Ano		$ 225,000	$ 300,000	$ 300,000	$ 300,000	$ 300,000	incremento de vendas de 1 milhão ao preço de 1000 e 30% de margem bruta, segundo o Bob do Marketing
Mudanças infraestruturais (poupanças + custos -)								nenhuma
Impacto nas operações (poupanças + custos -)								
Redução dos custos de apoio do projeto	$100,000/Ano		$ 75,000	$ 100,000	$ 100,000	$ 100,000	$ 100,000	redução dos custos de garantias e serviço de apoio, segundo a Sue do Apoio ao Cliente
Outros benefícios	$ -							nenhuma
Total de benefícios		**$ -**	**$ 300,000**	**$ 400,000**	**$ 400,000**	**$ 400,000**	**$ 400,000**	
	Total anual	**$ (400,000)**	**$ 200,000**	**$ 400,000**	**$ 400,000**	**$ 400,000**	**$ 400,000**	
	TIR:	**72.4%**						

encontre erros, pode ser a altura de abandonar a proposta. As partes interessadas não aprovarão um projeto que não devolve valor à empresa (há exceções — como veremos mais adiante).

Em contrapartida, se lhe foi atribuída a defesa do plano de negócio, os beneficiários podem insistir em que o projeto é necessário, mesmo que os números não o sustentem. Numa situação destas, é de seguir adiante e defender a proposta com o mau ROI — mas fornecendo às partes interessadas outras opções viáveis. Suponha que a equipa de vendas decide que a empresa precisa de um certo produto novo para competir no mercado de preços baixos e o encarregam de desenvolver esse plano. Depois de correr os números, obtém um VAL negativo. Talvez o concorrente tenha a proteção de uma patente ou um forte domínio do mercado que pensa que não pode quebrar. Apresente a proposta, mas sugira também outra maneira de responder às preocupações da equipa de vendas. Talvez a sua empresa deva retirar ao produto algumas facetas para fazer descer o preço, por exemplo, ou ir a esse mercado com outra oferta.

Em alguns casos, como projetos normativos, pode esperar um retorno negativo porque não haverá novas receitas ou produtividade (embora manter a atividade seja obviamente um benefício). Digamos que tem de cumprir novos padrões de emissões ou melhorar o sistema de informação financeira para obedecer a uma nova regulamentação. Os números não serão bons, mas pode ter de realizar o projeto de qualquer maneira. As pessoas dos dispositivos médicos com quem trabalhei precisavam de se ver livres de certos materiais dos seus produtos que a FDA tinha considerado potencialmente perigosos. Há 20 anos que fabricavam produtos com esses materiais, de modo que tiveram de fazer importantes alterações. Estão na fase de retirar esses mais de 20 materiais que já não cumprem as regras — um enorme investimento que não mostrará qualquer aumento de vendas ou produtividade. Mas têm de o fazer para vender produtos conformes aos regulamentos. Ao avaliar projetos, as partes interessadas procuram os melhores números: o mais baixo ponto de equilíbrio, o mais curto período de recuperação do investimento ou o mais alto VAL ou a mais alta TIR. Mas não é só nisso que baseiam a sua decisão. É preciso termos sempre presente que estamos a contar uma história para os convencer de que o nosso projeto vale a pena — o ROI é só mais uma informação.

CAPÍTULO 11

Considerar os riscos

DEPOIS DE CALCULADO O ROI, ainda há trabalho a fazer com os números. Nenhuma das técnicas de cálculo do ROI considera os riscos, de modo que é um passo separado identificá-los e considerar que impacto terão nos números finais.

Verificação a olho dos números

Se olhar para um número de ROI baixo e pensar *Esperem lá, pensava que isto ia ser um grande projeto*, é bom questionar os números. Poderá ter subestimado as receitas? Ou sobrestimado os custos de transição? Ou inserido um número errado? (Como se pode imaginar, deixar um zero de fora faz uma grande diferença.) Devemos escrutinar cada linha e perguntar se o número — ou o prazo — poderá estar mal.

Poderá ter de voltar aos especialistas das várias áreas e pedir-lhes que verifiquem outra vez as suas estimativas. Por exemplo: «É possível ter mais de 20% de aumento das vendas? Que seria preciso para conseguir isso?» Ou: «No novo sistema, podemos formar mais cedo os funcionários do *call center*?».

Baseou cada linha da folha de cálculo em pressupostos — que documentou cuidadosamente. Mas… e se estão errados e as coisas não correm como planeado? E se ocorrer o pior (ou o melhor) dos casos?

Analisar os riscos ajuda-nos a ver o que acontecerá ao valor do projeto se nos enganarmos nos pressupostos. A maior parte das pessoas centra-se nas ameaças. (E se o fornecedor não entregar a tempo? E se o custo das matérias-primas sobe em flecha?) Mas temos de considerar também as oportunidades. (Como é que podemos alcançar um VAL mais alto ou uma amortização mais rápida? Poderemos completar o projeto mais depressa? Poderemos pôr a nossa melhor equipa a tratar dele?) Temos de percorrer as nossas estimativas linha a linha e considerar que fatores as podem alterar. Por exemplo:

- **Pessoal:** e se a pessoa que dirige o projeto deixar a empresa? E se não nos dão todos os recursos que pedimos? Ou o contrário: e se conseguirmos juntar uma equipa de ilustres ou contratar um especialista externo?
- **Tecnologia:** e se encontrarmos defeitos quando fizermos os testes? E se os funcionários têm dificuldade em se adaptar ao novo sistema? E se encontrarmos problemas de propriedade intelectual na questão da tecnologia?
- **Qualidade/Desempenho:** e se o produto não tem o desempenho que esperávamos — para melhor ou para pior? E se a qualidade sofre por causa de um calendário muito apertado?
- **Âmbito:** e se o projeto precisa de incluir mais (ou menos) regiões geográficas, funcionários ou clientes? E se as partes interessadas mudam as suas exigências? E se uma alteração nos regulamentos vier criar uma oportunidade?
- **Calendário:** e se não formos capazes de cumprir a data de lançamento? Que nos permitiria adiantar-nos ao prazo? Tem de acontecer alguma coisa exterior ao projeto para conseguirmos concluí-lo?

Temos de pensar nas preocupações que terão as partes interessadas. Onde verão elas riscos? O nosso CTO (o diretor técnico) assume sempre que os projetos levam o dobro do tempo planeado? O nosso CMO desconfia de qualquer projeto que dependa dos fornecedores? Devemos identificar as perguntas que poderão fazer-nos de modo a poder levá-las em conta nos nossos cálculos e, finalmente, na nossa apresentação. Uma vez enumerados os riscos, temos de identificar quais são as maiores ameaças e oportunidades (ver a Figura 11-1): quais são as mais prováveis e quais teriam o maior impacto no nosso projeto? São estas as que devem ser realçadas quando fazemos a apresentação às partes interessadas.

FIGURA 11-1

Avaliar ameaças e oportunidades

Ao analisar com as partes interessadas os riscos do projeto, é bom chamar a atenção deles para as ameaças e oportunidades com maior probabilidade e impacto — aquelas que cairiam no canto superior direito desta matriz.

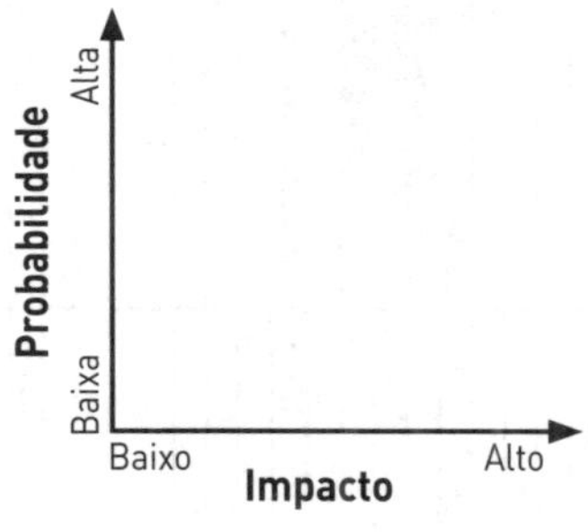

Testar os números

À luz dos riscos identificados, repita os cálculos. Que acontece se os custos do projeto ultrapassam as expectativas em 20%? Como é que isso muda o VAL? E se o produto for lançado seis meses mais tarde do que previsto? (Ver Figura 11-2.)

FIGURA 11-2

Incluir os riscos na folha de cálculo

Ao calcular o ROI, devemos considerar muitos «ses» e ajustar os números para refletirem cenários prováveis. Neste exemplo, que usa as estimativas da Figura 10-6, um atraso de seis meses no projeto amplia os custos, atrasa o começo dos benefícios e causa uma queda de 25% no VAL (ver as células sombreadas).

Estimativa e aprovação do projeto **VAL com um atraso de seis meses no projeto**

	Montante	Ano 1	Ano 2	Ano 3	Ano 4	Ano 5	Ano 6	Explicação da estimativa
Investimento no projeto								
Capital								
Categoria 1 *(p. ex., fornecimento de HW)*	$ -							Nenhuma
Custos totais de capital	$ -							
Despesas do projeto (uma só vez)								
Estudo do conceito	$ (50,000)	$ (50,000)						Similar ao projeto XYZ
Desenvolvimento	$ (300,000)	$ (200,000)	$ (100,000)					Similar ao projeto XYZ
Testes e validação	$ (100,000)		$ (100,000)					baseado na atual matriz de conformidade com as regras
Industrialização e comercialização	$ (50,000)		$ (50,000)					Similar ao projeto XYZ
Total de despesas	$ (500,000)							
Investimento total no projeto	**$ (500,000)**	**$ (250,000)**	**$ (250,000)**	**$ -**	**$ -**	**$ -**	**$ -**	
Custos operacionais								
Categoria 1 *(p. ex., licenças de SW)*	$ -							nenhuma
Total de custos operacionais		**$ -**	**$ -**	**$ -**	**$ -**	**$ -**	**$ -**	
Benefícios do projeto (Montante e datas)								
Vendas								
Incremento	$300,000/Ano			$ 300,000	$ 300,000	$ 300,000	$ 300,000	incremento de vendas de 1 milhão ao preço de 1000 e 30% de margem bruta, segundo o Bob do Marketing
Mudanças infraestruturais (poupanças + custos -)								nenhuma
Impacto nas operações (poupanças + custos -)								
Redução dos custos de apoio do projeto	$100,000/Ano			$ 100,000	$ 100,000	$ 100,000	$ 100,000	redução dos custos de garantias e serviço de apoio, segundo a Sue do Apoio ao Cliente
Outros benefícios	$ -							nenhuma
Total de benefícios		**$ -**	**$ -**	**$ 400,000**	**$ 400,000**	**$ 400,000**	**$ 400,000**	
Total anual		**$ (250,000)**	**$ (250,000)**	**$ 400,000**	**$ 400,000**	**$ 400,000**	**$ 400,000**	
VAL:		**$745,232**						

Taxa de desconto: 8.0%

Brinque com os números. Insira as suas melhores suposições para cada linha e depois os números do melhor e do pior dos casos e veja o que acontece às folhas de cálculo. É provável escolher um número médio para a maior parte das linhas, mas pode ter razões para ser conservador ou agressivo em certas rubricas. Se uma das partes cruciais é avessa ao risco, por exemplo, pode preferir os números mais baixos no fluxo de benefícios. Se enfrentar multas severas por atrasos no projeto, pode querer dar alguma margem nos prazos que assume. Previsões conservadoras diminuem o risco; previsões agressivas aumentam-no. Podemos referir contingências e dizer que a equipa desenvolverá planos para elas quando chegar a hora de elaborar um plano pormenorizado do projeto — mas as partes interessadas por vezes querem saber à cabeça que tipos de contingências estamos a considerar.

Em última análise, cada número em que assenta é uma decisão sua. É bom pedir *feedback* sobre os principais custos e benefícios aos especialistas nas várias áreas, ao seu diretor e ao defensor do projeto. Os seus números finais parecem-lhes razoáveis?

À medida que vamos mexendo nos números, começamos a ver o que seria preciso para conseguir o melhor número de ROI, mas precisamos de apresentar riscos realistas, não apenas aqueles que fazem a proposta parecer boa. Devemos mudar uma previsão se tivermos alguma razão para pensar que está errada. Devemos usar a nossa sensatez e experiência para tomar essas decisões — nunca escolher números arbitrários para encher ou manipular o nosso ROI. A avaliação de riscos deve ser coerente com os números que selecionámos. Todo o trabalho de recolha de informação, de testes de pressão e de documentação das fontes será recompensado quando montarmos uma apresentação vencedora.

Secção 5

Apresentar o plano e avançar

CAPÍTULO 12

Preparar o documento

PARA CONSEGUIR A ADESÃO DAS PARTES INTERESSADAS teremos de contar a nossa «história» de uma maneira convincente, para captarem facilmente a necessidade em causa, a solução (ou soluções) que estamos a propor e os benefícios que trará à empresa. É normal o nosso público dar principal importância ao ROI e à relação do nosso projeto com os objetivos estratégicos — sendo conveniente manter essas questões em primeiro plano. (Ver o Apêndice B: Como fazer uma apresentação decisiva, por Chris Anderson, curador da TED, para mais conselhos sobre a construção da sua história, encontrar a combinação certa de factos e narrativa e afinar a exposição.) Eis algumas das coisas a ter em mente quando está a preparar a apresentação.

O documento deve falar por si só

Em algumas empresas, em especial as grandes, pode não chegar a apresentar a sua proposta. Pode submeter simplesmente um documento em Word, um ficheiro de Excel ou um monte de *slides* e esperar pela decisão da comissão. Ou pode ter apenas uns minutos perante as partes interessadas, que estão a analisar 40 projetos numa reunião de meio dia. É cada vez mais frequente as empresas tomarem decisões sobre propostas em reuniões à distância ou videoconferências, para incluir partes interessadas de diferentes locais — de modo que nem sequer pode assumir que o seu público preste uma atenção ímpar à sua argumentação. As pessoas podem estar a fazer várias coisas ao mesmo tempo, a ver os *e-mails* ou a fazer outro trabalho durante a chamada.

Por todas estas razões, o documento deve valer-se a si mesmo. As partes interessadas devem poder compreender a proposta sem necessidade de locução. Daí que não deva distribuir um conjunto de *slides* do tamanho de um dicionário. Mantenha os *slides* sucintos, claros e objetivos, devendo partilhar informação suficiente para mostrar que fez o trabalho de casa.

Deve seguir o procedimento da empresa para apresentação de planos de negócio. Algumas firmas exigem o preenchimento de formulários ou modelos, o que ajuda a analisar em bloco um grande número de propostas e a fazer comparações equitativas. É certo que o processo pode parecer burocrático, mas se quiser que o seu plano seja aprovado, tem de passar pelo sistema.

Estudar apresentações passadas

Quer haja ou não um formato padronizado, impõe-se averiguar o que fizeram os colegas noutras apresentações da empresa. Isto dar-lhe-á ideias para a sua própria apresentação — e uma noção do que as partes interessadas podem esperar si. É bom falar com vários colegas de trabalho que tenham obtido a aprovação dos seus planos de negócio recentemente e pedir-lhes para ver os respetivos documentos. Procurar semelhanças. Os colegas usaram Word ou PowerPoint? Como é que descreveram a necessidade em causa?

Que tipo de dados incluíram nos *slides* de apoio? Como é que apresentaram os dados? É útil deitar a mão a meia dúzia de propostas rejeitadas, se possível, para ver o que os chefes dos projetos fizeram de diferente. Não consideraram os riscos? Os documentos deles eram longos de mais ou não eram suficientemente consistentes?

Um argumento estruturado

Se a sua empresa não fornece modelos e não conseguir encontrar exemplos úteis, pode ter de começar do zero. Nesse caso, recomendo a seguinte estrutura:

1. ***Slide* de abertura:** começar por um resumo executivo que declara sucintamente qual é o problema ou a oportunidade descreve como planeou abordá-lo e explica porque é que a sua solução é sensata e qual é o ROI esperado.
2. **Necessidade:** descrever porque está a propor o projeto. Ligar explicitamente a necessidade em causa aos objetivos estratégicos da empresa e partilhar os dados que manifestam essa urgência.
3. **Visão geral do projeto:** apresentar uma descrição muito geral da solução. Se for um produto novo, explanar o conceito geral e explicar como se compagina com as ofertas já existentes. Para uma iniciativa sobre produtividade (como um projeto informático), especificar que processos da empresa afetará e que custos eliminará ou reduzirá. Para um projeto de infraestruturas, descrever a sua magnitude e designar os sistemas que tocará (energia elétrica, climatização, água, saneamento e por aí fora).
4. **Calendário e equipa:** fornecer um plano em linhas gerais do projeto. Incluir as datas marcantes, quando entregará o quê e os membros nucleares da equipa (pelo nome ou por função).

CONTAR A HISTÓRIA NO RESUMO EXECUTIVO

As partes interessadas estão extremamente ocupadas, com exigências que lhes disputam o tempo e a atenção. Assim, é preciso pensar no resumo executivo como um anzol: é uma história concisa e convincente de uma necessidade da empresa, da sua solução e do impacto que esta terá.

Eis um exemplo:

Resumo executivo

Temos sérios concorrentes novos no nosso mercado do Sudeste Asiático — e, por causa disso, estamos a perder muitas vendas [a necessidade]. Desta forma, estou a propor um novo produto que nos ajudará a recuperar quota de mercado [a solução]. Quando o pusermos no mercado através dos nossos canais de distribuição, esperamos ver as vendas duplicar nas primeiras seis semanas — e recuperaremos o nosso investimento em pouco menos de três anos [o impacto].

Se a apresentação for feita com *slides* convirá, é claro, partir o texto, talvez assim:

Resumo executivo

Problema:

- *Fortes concorrentes novos no Sudeste Asiático*
- *Perda de quota de mercado*

Solução:

- *Novo produto*

Benefícios:

- *Duplicar as vendas em seis semanas*
- *Recuperar o investimento em menos de três anos*

Deve mostrar claramente o resultado do seu cálculo do ROI: acima é o período de recuperação do investimento de menos de três anos. Mas deve usar o número que mais importa às partes interessadas: *o VAL é 20 mil dólares*. Ou: *vamos ter 30 milhões de dólares de novas vendas*. Ou: *vamos cortar 1,5 milhões de dólares nas despesas*. Deve mostrar o ROI proeminentemente — é o fim satisfatório da sua história. Depois, no resto do documento ou apresentação, demonstre com dados e outro material de apoio porque deve o auditório ter confiança na história.

5. **Impacto:** descrever os benefícios. Dizer que departamentos serão afetados pelo projeto e como. Quantificar o impacto com toda a exatidão possível.
6. **Riscos:** explicar o que pode não correr como previsto — seja positivo ou negativo. Incluir os principais riscos associados tanto a realizar o projeto como a não o realizar.
7. **Finanças:** sumarizar os custos e benefícios e voltar a enunciar o ROI.
8. ***Slide* de fecho:** repetir a necessidade em causa, por que razões a sua solução é boa e, uma vez mais, o ROI.

Quanto tempo levará cada secção e quanto material de apoio incluir dependerá de quanto tempo tiver para fazer a apresentação e da sede por informação das partes interessadas. Uma vez mais, deve usar outros casos bem-sucedidos como orientação.

O *slide* de abertura é crucial. Capta a atenção dos avaliadores e serve de base a tudo o que se segue (ver o destaque «Contar a nossa história no resumo executivo»). Lembre-se que pode não passar do *slide* de abertura se os membros da comissão estiverem ocupados ou distraídos. Aliás, uma vez, quando apresentei uma proposta na GE, os anteriores apresentadores tinham-se alargado e alguns membros da comissão de avaliação precisavam de fechar a sessão —tinham de apanhar um avião. De modo que só tive cinco minutos para defender a minha proposta (estavam previstos 30 minutos). Fiz a apresentação usando apenas o resumo executivo e disse-lhes que encontrariam os pormenores no resto dos *slides*. O meu projeto foi um dos poucos aprovados nesse dia.

Com o documento na mão, está na altura de obter mais *feedback* antes de enfrentar a comissão de avaliação oficial.

CAPÍTULO 13

«Vender» o plano

PREPAROU UMA PRIMEIRA VERSÃO DO PLANO, mas ainda não está propriamente pronto para a apresentar. Primeiro, precisa de obter a adesão das partes interessadas — porque quererá ter aliados na sala quando chegar o momento das perguntas difíceis.

Duas pessoas em especial são cruciais: o chefe do departamento que liderará o trabalho e o chefe do departamento que mais beneficiará com ele. Com essas duas pessoas do seu lado, dissipará muitas preocupações e aumentará bastante as probabilidades de ter a almejada luz verde.

Trabalhar com o seu defensor

Está na altura de voltar ao defensor que identificámos na primeira fase do processo de desenvolvimento da proposta. Idealmente, já lhe pediu a opinião e tem-no mantido a par ao longo do processo. Caso contrário, tem, decididamente, de voltar a estabelecer contacto com ele antes da apresentação.

Se o defensor acredita no valor do seu projeto, defendê-lo-á contra os eternos pessimistas ou desempenhará um papel crucial numa situação de desempate.

Contactar antecipadamente outras partes interessadas

Também ajuda dar a alguns elementos da comissão de avaliação uma visão antecipada da proposta e perguntar-lhes quais são as suas preocupações. É bom obter *feedback* do máximo de partes interessadas possível; saber qual é a sua posição, especialmente acerca de projetos novos, que sejam fora do vulgar para a empresa.

Se não conseguir marcar reuniões, talvez possa chegar a eles através dos especialistas de cada área. Recrute um dos membros da equipa que seja próximo de alguém da comissão de avaliação para passar em revista os pontos principais. Poderá mencionar que ajudou a preparar o plano de negócio e que pensa que é um bom projeto. Poderá depois partilhar a reação consigo e transmitir-lhe quaisquer perguntas ou preocupações que tenha tido.

Se tiver preparado devidamente o plano, a maior parte das perguntas que possam surgir neste ponto não devem ser surpreendentes. (Já se sabe que o CMO perguntará sobre as implicações em termos de marca da funcionalidade do novo produto. Ou que o CFO não quer aprovar quaisquer projetos acima de 5 milhões de dólares este ano.) Mas haverá casos em que descobrirá questões que ainda não tinham surgido. É sempre melhor trazê-las à tona antes da hora da avaliação. Grandes surpresas durante a reunião de avaliação podem deitar o seu plano por terra e vão certamente atrasar uma decisão. Precisará, é claro, de ajustar o seu conteúdo em função daquilo que ouvir. Pode deixar cair alguns aspetos, por exemplo, ou afinar uns quantos números. Faça saber às partes interessadas que fez alterações para minimizar as suas preocupações, para que possam apoiar o seu projeto na reunião de avaliação.

Antever novas preocupações

Há outras questões que podem surgir quando a comissão estiver na sala, a comparar a sua proposta com outras.

Antecipe-se a essas preocupações entrando na cabeça das partes interessadas: que lhes importa mais? Quais são os pontos fracos? Pergunte à sua volta para averiguar o que aconteceu em reuniões de avaliação semelhantes. Que perguntas inesperadas surgiram? Que questões se tornaram pontos de atrito?

Deve pensar cuidadosamente no que tem acontecido na empresa ao longo da última semana ou do último mês. Há acontecimentos recentes que desempenham um grande papel nas reuniões de avaliação. Numa empresa farmacêutica com a qual trabalhei o foco era, num certo ano, o crescimento, de modo que as pessoas sabiam que tinham de explicar como os projetos propostos fariam crescer as vendas, aumentar a quota de mercado ou expandir o universo de clientes. Mas dois dias antes da reunião da comissão de avaliação, um dos produtos da empresa teve de ser recolhido. A qualidade não tinha sido, até então, uma preocupação importante — e agora, repentinamente, era a prioridade. As partes interessadas interrogavam os responsáveis pelos projetos sobre garantias de qualidade, testes, validação e estratégia de ensaios clínicos. Rejeitavam planos que não fossem à prova de bala em termos de qualidade, por mais crescimento que esses projetos prometessem.

Medir a concorrência

Deve saber que outras propostas estão a ser consideradas. Fale com o seu chefe para ver se ele sabe de quaisquer iniciativas que estão para ser apreciadas. Pergunte aos especialistas (particularmente os das finanças) se foram consultados sobre outros projetos. Não vai, provavelmente, mudar os seus números ou a abordagem geral só para bater outro projeto, mas poderá mudar aquilo a que dá ênfase na sua apresentação. Se seis outros projetos se centram na diferenciação em termos de mercado, como o seu, pode querer destacar também outros benefícios para tornar a sua proposta única.

Agora que já teve uma oportunidade de relacionar o seu plano e coligir e incorporar esse *feedback*, está quase pronto a comparecer perante a comissão de avaliação. É tempo de reverificar rapidamente que tem tudo aquilo de que precisa para fazer uma grande apresentação.

CAPÍTULO 14

Pronto para apresentar o plano?

PARABÉNS — PREPAROU O SEU PLANO DE NEGÓCIO e agora está pronto para o apresentar. Ou não está? Use esta *checklist* para confirmar que cobriu todos os aspetos. Se responder «não» a qualquer destas perguntas, volte atrás e reveja o plano.

Já...

- ☐ Expôs uma necessidade clara enquadrada numa história convincente que irá atrair a atenção das partes interessadas?
- ☐ Alinhou os seus objetivos com as prioridades estratégicas, ligando-os aos objetivos declarados da empresa?
- ☐ Identificou os objetivos de cada parte interessada e tratou de tantos quanto possível?
- ☐ Reuniu-se com os beneficiários e captou com exatidão as suas necessidades?

- ☐ Identificou na comissão de avaliação um defensor que apoiará o seu projeto perante o grupo?
- ☐ Consultou especialistas nas várias matérias dos diferentes departamentos ou funções para estimar custos e benefícios, avaliar riscos, calcular o ROI e obter adesão?
- ☐ Teve em conta os riscos?
- ☐ Documentou as presunções por trás de cada estimativa — e anotou a fonte de cada número?
- ☐ Verificou outra vez os números?
- ☐ Considerou os melhores e os piores cenários?
- ☐ Considerou várias soluções viáveis a par daquela que está a propor?
- ☐ Reuniu-se com as partes interessadas para lhes mostrar antecipadamente a sua proposta e pedir opiniões?
- ☐ Obteve o apoio do departamento que fará o trabalho?
- ☐ Obteve o apoio do departamento que mais beneficiará com o projeto?
- ☐ Criou um documento ou conjunto de *slides* conciso?
- ☐ Coligiu informação suficiente para passar imediatamente à realização do projeto caso tenha luz verde?

CAPÍTULO 15

Fazer a apresentação do plano

NO DIA DA DECISÃO, ALGUMAS PARTES INTERESSADAS centram-se inteiramente no ROI. Outros querem saber com quem trabalhámos para reunir a informação. Outros ainda escrutinam o plano em busca de riscos. Se há uma pessoa que determinará o destino do seu projeto, deve apontar para as suas preferências. Mas ao apresentar o projeto a múltiplas partes interessadas, deve incluir alguma coisa para cada um.

Comece pela necessidade

Se as partes interessadas não acreditarem que identificou uma verdadeira necessidade da empresa que esteja ligada às suas prioridades estratégicas, vão parar de o ouvir — ou até pedir-lhe que se calemos. Assim, deve descrever à cabeça a necessidade em causa e lembrar-se de a contar como uma história, para interessar o público.

Seja breve

Deve rever cada *slide* fornecendo apenas informação pertinente sobre os pontos mais importantes. As partes interessadas, sempre muito ocupadas, apreciarão uma apresentação concisa e direta. Não se limite a ler-lhes os *slides* — vai aborrecê-las de morte. Como sugere a especialista em comunicação Nancy Duarte, no seu *Guia HBR — Apresentações Persuasivas*, pode usar o campo de «notas» do PowerPoint para expor em pormenor tudo o que quer dizer sem ter de projetar um texto de teleponto na parede para toda a gente ver.

Enquanto passa em revista a solução proposta, pode explicar outras alternativas que tenha contemplado e posto de parte. Ou, ao falar de riscos, pode partilhar a perspetiva de um membro importante da equipa. Mas deve tocar ao de leve nestas coisas e passar à frente. Evite divagações. Muitos gestores cometem o erro de entrar a fundo nos riscos, tentando afastar dúvidas. É melhor mencioná-los de forma geral geral. Por exemplo: *pensámos sobre os problemas da introdução de um produto novo, das transferências de tecnologia e dos fornecedores e incluímos formas para os mitigar.* As partes interessadas pedirão mais pormenores se os quiserem — e nessa altura pode responder diretamente a essas preocupações.

Personalize a apresentação

É importante envolver os beneficiários e as partes interessadas na discussão. Se estiver a falar da necessidade, volte-se para parte interessada que está a senti-la mais dolorosamente e convide-a a comentar o assunto. Poderá dizer uma coisa deste género: «Dado que esta linha de produtos não está a corresponder às expectativas, as vendas não vão cumprir os objetivos» — e depois peça ao VP de vendas algumas observações rápidas sobre o que está a acontecer no terreno. Poderá também pedir à parte financeira que intervenha com os números de quanto falta nos proveitos brutos da empresa. Isto alistará as pessoas no apoio à sua proposta perante os seus pares.

Destaque os especialistas

Em alguns casos, as partes interessadas estarão mais (ou menos) inclinadas a aprovar o seu projeto, dependendo de quais os especialistas nas várias áreas com quem trabalhou. Escolheu cuidadosamente os membros da sua equipa pelos conhecimentos e pela visão que têm — e está agora na altura de pôr em evidência o seu contributo. Por exemplo: *foi o Bob quem me deu estas previsões e acredita que atingiremos estes números.* Se o Bob for uma superestrela do seu departamento, o seu aval significará muito. As pessoas que confiam nele confiarão em si.

Lidar com os pessimistas

Mesmo a proposta mais forte vai encontrar alguma contrariedade. Eis alguns dos tipos mais vulgares de resistência e algumas dicas para lidar com eles:

1. **«É bom demais para ser verdade».** As partes interessadas podem não acreditar que os benefícios, vendas ou poupanças que identificou sejam realistas. Isto acontece em organizações em que as pessoas frequentemente abusam nas promessas. Se pensar que vai encontrar este obstáculo, deve tomar especial cuidado em dar suporte aos seus números. Para cada fluxo de benefícios, deve identificar um especialista na matéria que possa falar credivelmente do número que inserir. Se estiver a prometer 25% de crescimento das vendas, faça o especialista em vendas dizer como a equipa chegou a essa estimativa.
2. **«Mas não pensou em...»** Muitas partes interessadas gostam de apontar lacunas: *nem sequer falou em como isto correrá na Europa — e é uma região crítica para nós.* Podem também trazer à baila riscos que não tratou na sua apresentação. Tem de dar respostas sinceras e diretas. Se não contemplou a questão, diga-o. Ofereça-se para analisar o assunto

e voltar à comissão com os resultados. Se não acreditar que a Europa é crítica, pode perguntar ao grupo se quer que investigue mais. Se houver outros que concordem consigo, poderão intervir para o dizer.

3. **«Nunca conseguiremos fazer isto.»** Outra preocupação comum é o prazo. As partes interessadas podem pensar que está a ser demasiado otimista sobre o tempo em que o projeto será concluído. Mais uma vez, é essencial ter o apoio daqueles que farão o trabalho. Pode replicar: «Partilhei este calendário com a TI e a produção e eles concordam em que o trabalho não demorará mais de seis meses.».

Se as pessoas tentam deitar abaixo o seu plano com objeções como estas, não fique à defesa. Em vez disso, «mande entrar os leões», como o especialista em liderança e mudança John Kotter recomenda no seu livro *Buy-In*. Quando alguém manifesta ceticismo, agradeça o comentário e faça-lhe frente diretamente. Pode dizer algo do género: «Sim senhor, estou a perceber a sua preocupação. Voltemos atrás, a essa questão, e vamos discutir como estamos a planear tratar dela.» Se der uma resposta completa e direta, é muito provável que o cético recue — ou que haja pessoas na sala que venham em sua defesa. Convide o defensor a comentar se puder abordar a questão de forma credível.

Acabe com uma nota positiva

É sempre bom sinal quando uma das partes interessadas diz: «Conte-me mais coisas». Sabe que está no bom caminho se lhe perguntam a quem será atribuído o projeto ou quando poderá dar-lhe início. Sempre que possível, é bom fechar a apresentação com uma nota alta. Reitere um VAL positivo ou realce a necessidade significativa que o projeto satisfaz. Quaisquer que sejam as perguntas que surjam durante a discussão, queremos que as partes interessadas se lembrem do que a nossa iniciativa trará de bom à empresa.

CAPÍTULO 16

Chegar a uma decisão

DEPOIS DE TER SUBMETIDO OU APRESENTADO o seu plano de negócio, não terá de se sentar a roer as unhas por muito tempo. Normalmente, os decisores respondem na própria reunião ou num prazo de poucos dias. Terá uma de quatro respostas:

«Não, este projeto não é uma prioridade»

Quando as propostas são rejeitadas, tipicamente não estão em sintonia com os objetivos estratégicos, o ROI não é suficientemente alto ou a organização simplesmente não tem os fundos ou as pessoas necessárias para levar o projeto a cabo. Embora possa ser dececionante, tenha presente que um «não», por vezes, é a melhor resposta para o negócio (como se discute na Introdução). Consoante a razão para a rejeição, poderá estar em condições de elaborar mais tarde uma proposta mais forte. Se o projeto não acompanhava suficientemente de perto os objetivos da empresa, poderá apresentá-lo de novo quando esses objetivos evoluírem.

Ou pode colher informação ao longo de todo o ano ou dos meses seguintes que mostre que os benefícios são ainda mais fortes do que pensava inicialmente. Quer o seu plano seja deixar cair a proposta ou revê-la no próximo ciclo de aprovações, agradeça ao seu defensor, aos especialistas das várias áreas e a toda a gente que ajudou a elaborar o plano de negócio. Pode precisar da sua ajuda mais tarde.

«Não podemos tomar já uma decisão»

As partes interessadas que estão de acordo quanto à existência de uma necessidade, mas não pensam que tenha encontrado a solução certa, podem pedir-lhe para estudar a questão outra vez. (Isto também pode acontecer se não contou a história com clareza ou não forneceu dados suficientes.) Averigue junto das partes interessadas quais são os pontos de atrito. O projeto leva tempo de mais? É demasiado caro? Falta-lhe um elemento estratégico? À luz dessas preocupações, deve revisitar outras alternativas que tenha contemplado com a sua equipa. Às vezes, as partes interessadas já têm outro projeto em mente e a sua proposta pura e simplesmente não está alinhada com ele. Faça com que alguém que seja próximo das partes interessadas — seja o defensor ou um especialista de confiança — trabalhe com eles para saber mais sobre o projeto que realmente querem. Deve avaliar essa ideia e incluí-la como uma das alternativas com que pode voltar à carga.

«Só podemos aprovar uma parte do projeto»

Há normalmente duas razões para que uma comissão de avaliação só dê ordem de avançar a uma parte da nossa proposta: burocracia ou problemas. Em projetos de longa duração ou aqueles em que há muitos riscos, os decisores podem cobrir as suas apostas e dar-lhe o seu acordo até um dos pontos marcantes. Os líderes de empresas com este tipo de processo só libertam fundos para as fases iniciais a fim de verem se as presunções são válidas. O «sim» tem uma reserva — precisará de tornar a candidatar-nos a financiamento no ano seguinte ou mesmo, possivelmente, na fase seguinte. Esta aprovação parcial pode ser uma bênção, visto que lhe dá a oportunidade de afinar a solução à medida que avança.

Às vezes, as comissões de revisão outorgam uma aprovação parcial devido a questões de financiamento. Não é invulgar que uma comissão de avaliação diga que não pode dar luz verde ao um projeto de 2 milhões de dólares, mas pode conceder-lhe parte desse dinheiro. Quando isso acontece, espera-se que volte e explique o que pode fazer com menos recursos.

As complexidades em torno das aprovações parciais são discutidas no Capítulo 17, «E a seguir?»

«Sim, vamos avançar»

Se obtiver um «sim», as partes interessadas vão começar imediatamente a fazer perguntas sobre os recursos: quem liderará o projeto (se não formos o leitor)? Com que brevidade pode ter montado um plano do projeto? Quando poderá juntar uma equipa e dar início aos trabalhos? Deve ter as respostas prontas — não convém perder o ímpeto depois de ter garantido uma aprovação que foi tão trabalhosa.

Uma advertência: «sim» nem sempre quer dizer sim. Por vezes, líderes avessos ao conflito aprovam um projeto, mas depois nunca lhe alocam os respetivos fundos. Se retêm os dólares, as pessoas e o tempo que serão precisos para completar o trabalho, bem podiam ter dito que não. Pode conseguir evitar que isto aconteça prossiga imediatamente com um pedido pormenorizado de recursos. Peça os nomes das pessoas atribuídas ao projeto. Se os gestores não lhe dão nomes, é provável que não estejam a atribuir-lhe recursos. Nesse caso, deve pedir ao seu defensor que fale com eles e averigue as razões da retenção — e depois tratar de todas as preocupações que consiga no plano pormenorizado do projeto.

Pode tornar mais provável uma decisão rápida estabelecendo um prazo para o projeto. Explicar que a janela de oportunidade se vai fechar se não avançarem depressa — talvez seja uma aberta no mercado porque um produto da concorrência acaba de falhar ou a possibilidade de atualizar um sistema informático durante obras nas instalações. Não seja, contudo, a pessoa que dá falsos alarmes. A urgência tem de ser autêntica. Assumindo que o é, trazer isso à baila na apresentação pode ajudar a obter uma conclusão o quanto antes.

Seja qual for o resultado da decisão, não viva da glória do passado. Pode dar passos em frente quer o projeto seja rejeitado quer seja aprovado.

CAPÍTULO 17

E agora?

QUER ESTEJA A ABRIR UMA GARRAFA DE ESPUMANTE, a voltar desanimadamente para a sua secretária ou a arrancar os cabelos porque tem de refazer e apresentar novamente o plano de negócio, lembre-se que fez o seu trabalho — ajudou a empresa a tomar uma decisão sensata.

Mas o trabalho ainda não acabou. Se obteve um sim, está na hora de começar a executar o projeto. E mesmo que os decisores tenham dito que não, ainda há passos que pode e deve dar.

Se ouvir: «Não, o projeto não é uma prioridade»

Em primeiro lugar, não desespere se o projeto não for aprovado. Embora ouvir um «não» possa parecer um fracasso, tenha presente que contribuiu para o êxito da empresa ao ajudá-la a reconhecer que o projeto não era um investimento que valesse a pena. O verdadeiro propósito de um plano de negócio não é necessariamente ganhar a aprovação do seu projeto, mas fornecer informação suficiente para que a comissão possa tomar uma decisão bem informada.

Mas não aceite o «não» limitando-se a agradecer e abandonando a ideia. Em vez disso, pergunte sempre «Porquê?». Se souber exatamente por que rejeitaram o plano os decisores, estará então em condições de lhe dar o seguimento apropriado. Esta pergunta é para ser feita na reunião ou num *e-mail* subsequente. Não comece uma briga nem tente usar a resposta para mudar o resultado, mas procure, sim, compreender o raciocínio deles. Poderá dizer: «Obrigado por me terem comunicado a vossa decisão. Gostaria muito de qualquer *feedback* vosso sobre os motivos para não terem aprovado o projeto.»

Os avaliadores podem não ter passado o nosso projeto por várias razões. Podem dizer-lhe, por exemplo, que o projeto não está em linha com a estratégia da empresa. Neste caso, é deixá-lo morrer. Qualquer projeto que não se ajuste aos imperativos da empresa deve ser rejeitado.

Se consideraram que o projeto era inviável — que a abordagem que descreveu não daria os resultados que prometia —, pode voltar atrás e tratar das preocupações que manifestam. Precisam de mais informação que mostre como esta abordagem funciona? Poderá criar um protótipo que atenue as inquietações?

Poderá pedir um pequeno montante para financiar um projeto-piloto rápido que prove que o projeto funciona. Se os superiores disserem que não porque não há recursos suficientes, é de guardar a sua proposta para o caso de os recursos ficarem disponíveis. Foi o que me aconteceu na GE. A certa altura do ano, a direção decidiu dar à nossa unidade de negócio algum financiamento adicional para investir no desenvolvimento de projetos estratégicos de produto. Tinham-se alterado algumas das dinâmicas do mercado, tornando os nossos segmentos de mercado mais atraentes do que outros. O gestor de produtos e eu limpámos rapidamente o pó a várias propostas que não tinham sido aprovadas no processo de planeamento estratégico do ano anterior por falta de recursos. Em menos de um mês, foram aprovados projetos e as equipas puseram mãos à obra. Manter uma estreita ligação com o defensor do seu projeto de maneira a que possa mantê-lo ao corrente de quaisquer mudanças irá ajudá-lo a estar preparado para essas oportunidades.

Quando perguntamos pelas razões por trás da rejeição temos de esperar obter uma resposta sincera. Na maior parte dos casos, será assim. Pode não ser direta — o CEO poderá não dizer «Pensámos que não seria capaz de levar o projeto avante» —, mas é provável que consiga inferir as razões que tem. Tente ler nas entrelinhas. Se ainda assim não tem a certeza, peça a opinião do seu defensor. Seja qual for a resposta, não discuta a sua lógica nem tome a questão pessoalmente. Não é assim que se ganham aliados — ou apoio — para este ou futuros projetos.

Se ouvir: «Não podemos tomar já uma decisão»

Ter o projeto suspenso é melhor do que um «não» puro e duro, mas continua a ser dececionante. Na maior parte dos casos, terá apenas de confiar em que elaborou uma proposta sólida e depois esperar e ver o que acontece. Quaisquer medidas adicionais que tomar dependerão da justificação dos decisores. Normalmente, será uma de três razões.

A proposta não passou a primeira avaliação

A sua proposta pode não ter conseguido entrar na pilha do «decididamente sim». Se a comissão de avaliação estiver a analisar múltiplas propostas ao mesmo tempo, poderá separar as propostas em pilhas de «sim», «não» e «talvez». Sabe, pelo menos, que o seu projeto não foi rejeitado. Nesta fase, não há necessidade de pressionar em prol do seu plano de negócio, especialmente quando o defensor do seu projeto está a representá-lo perante os decisores.

Os decisores ainda não decidiram

Às vezes há uma equipa de direção cheia de indecisos que não são capazes ou não querem tomar ali mesmo decisões. Podem querer esperar até estarem a sós para tomarem a decisão final. É mais provável que o seu projeto seja aprovado, evidentemente, se a sua proposta esclarece o que há nele para cada um dos decisores. Enquanto espera, contudo, pode ser conveniente trabalhar periodicamente através do seu defensor para se assegurar de que a sua ideia continua diante das pessoas e verificar se há mais alguém com quem deva falar.

Às vezes, a comissão ainda não decidiu porque está à espera do resultado de uma outra decisão que tem um impacto de muito maior alcance. Isto aconteceu-me uma vez, quando um projeto que eu tinha proposto estava na balança enquanto esperávamos por averiguar se uma aquisição que estava a ser negociada seria bem-sucedida. Se a aquisição se concluísse, o nosso projeto não seria necessário. Se não avançasse, o nosso projeto ajudaria a preencher um vazio ainda maior no desenvolvimento de produtos.

A estratégia está em suspenso

A terceira razão para deixar projetos em suspenso é a estratégia que os apoia estar em suspenso ou a ser repensada. Deve usar a sua rede interna de contactos para se manter a par da direção que seguirá a estratégia. Uma vez que tenha essa informação, terá de afinar o seu plano para refletir os novos objetivos, presunções ou constrangimentos. Se a sua proposta se centrar nos clientes dos EUA e a sua empresa tiver decidido centrar-se mais nos clientes europeus, deve averiguar, por exemplo, se a sua ideia pode ser posta em prática no Reino Unido. Dado que fez um bom trabalho na preparação do plano de negócio, pode facilmente afiná-lo nesse sentido. Isto pode ser uma grande oportunidade. É normal que os diretores queiram realizar imediatamente um projeto que esteja alinhado com os novos imperativos, para demonstrar apoio à nova estratégia. Com o plano cuidadosamente preparado, pode ser o primeiro com um projeto que se ajusta a esses imperativos. É claro que não vai inserir à força o seu projeto na nova estratégia. Se o seu plano não vai nesse sentido, não o faça.

Às vezes, esperar pela decisão final leva tempo — dias, semanas e até meses. E a razão para o projeto — o ponto doloroso que se destina a tratar — é provável que não desapareça. Pode não haver muita coisa que possa fazer, mas esteja atento a oportunidades de aliviar um bocadinho a dor. Se o seu plano é de um novo sistema que permitirá aos funcionários do apoio aos clientes responderem mais depressa às reclamações, procure atalhos. Colabore com a pessoa que chefia esse departamento para ver se tem algumas ideias de curto prazo que possam melhorar as coisas.

Enquanto espera, não é má ideia encontrar uma maneira simples e direta de colher mais informação sobre o problema e a sua magnitude. Convém documentar o que está a acontecer de modo que quando tiver oportunidade de voltar aos decisores ou ao defensor do projeto poder dizer: «Este problema não desapareceu; na verdade, piorou.» Isto dará força aos seus argumentos. Se o problema está a tornar-se sério, pode fornecer às pessoas nova informação e alterar a narrativa do seu plano. O barco não está só a meter água — está a ir ao fundo.

Se ouvir: «Só podemos aprovar parte do projeto»

E se o plano tiver três partes, mas os decisores só aprovarem uma? Ou se subscrevem a primeira fase do seu projeto, mas lhe pedem que volte daí a seis meses ou mais para requerer fundos adicionais? Isto acontece mais vezes do que as pessoas pensam. É frustrante, mas não tem por que desmotivá-lo e à sua equipa. Centre-se, antes, no facto de que a comissão gostou da sua ideia e quer que ela siga avante.

No Capítulo 16, «Chegar a uma decisão», dizia-se que a aprovação de apenas uma parte do projeto é especialmente comum em empresas que usam um processo de portagens. Se for esta a situação em que se encontra, pergunte à comissão de avaliação que questões precisam de ser resolvidas na altura em que tiver atingido a primeira marca. Depois, proceda como se o seu projeto fosse totalmente financiado. Isto dar-lhe-á a melhor ideia da possibilidade de êxito do projeto. No fim do período de financiamento, esteja preparado para voltar à comissão para explicar quais das suas presunções se revelaram verdadeiras e quais não. Pode ter verificado, por exemplo, que o custo do produto pode ser 10% inferior ao previsto ou que a data de lançamento precisará de mudar em três meses. Dado que documentou as fontes de todos os seus números e presunções iniciais, será fácil pedir atualizações a essas pessoas. Tem de se preparar para voltar a apresentar a proposta com informação atualizada sobre os benefícios ou os custos na base do que vier a saber até então.

O cenário mais vulgar, todavia — e o mais desafiante — é quando os decisores respondem: «OK, sabemos que queria 2 milhões de dólares, mas o que é que podem fazer por 1 milhão?». Quando lhe perguntam se consegue realizar o projeto ou alcançar os mesmos objetivos com menos tempo e menos dinheiro, nunca deve dizer que sim imediatamente. Em vez disso, deve dizer-lhes que voltará a falar com eles — muito brevemente —, para ter tempo de refazer o plano de negócio com esses novos constrangimentos.

Quando se compromete a fazer apenas parte do projeto, tem de resistir à tentação de prometer de mais. Primeiro, não proceder a um corte geral. Se a comissão quer que apresente uma proposta para um projeto que custe 30% menos, não tente fazer tudo o que estava na proposta inicial com menos 30% dos recursos. É melhor reestruturar completamente o projeto. Deve perguntar a si mesmo e à sua equipa: que oportunidade viável podemos financiar com este montante para alcançar uma parte do objetivo? Podemos deixar cair o braço de vendas europeu?

Podemos encurtar o período de lançamento? Segundo, não aceitar um corte nos recursos sem um corte nos benefícios. Aceitá-lo criaria uma situação quase impossível. Se o plano inicial prometia 800 mil dólares de receitas do novo produto, mas agora lhe pedem que corte o orçamento em 20%, é muito provável que não consiga realizar completamente esses 800 mil dólares. Precisa de descer também esse número. No fim de contas, se não tiver um depósito de gasolina cheio não pode ir tão longe como iria se o tivesse.

Estará preparado para esta conversa se percorrer vários cenários na sua folha de cálculo (como se explica no Capítulo 7, «Considerar as alternativas»). É fantástico se tiver esses números à mão, mas se não os tiver, é uma questão de voltar atrás e refazê-lo. Isto, felizmente, é bastante fácil porque estruturou bem a folha de cálculo. Basta criar outra janela e mudar os valores relevantes. É raro que uma empresa possa dar-se ao luxo de financiar todas as boas ideias.

Em vez de se queixar dos cortes que tem de fazer, deve centrar a sua equipa em criar e pôr em prática um novo plano que abrirá caminho a que o resto do seu projeto seja aprovado mais adiante.

Se ouvir: «Sim, vamos avançar»

Primeiro, comemore, com uma garrafa de champanhe ou levando a sua equipa a jantar fora. A seguir, toca a trabalhar. Os decisores, afinal, abriram uma porta e tem de a atravessar. Precisa de descobrir como fazer a transição entre ter o seu projeto aprovado e o executar.

Não espere pelo cheque. Na maior parte das empresas, não existe um mecanismo formal para o financiamento — ninguém passa efetivamente um cheque. O mais provável é que lhe digam: «Muito bem, tem os recursos e as pessoas de que precisa, toca a andar».

Depois do festejo, o primeiro passo é estabelecer o processo de gestão do projeto. Algumas empresas têm uma metodologia. Se for o caso na sua organização, deve falar com o seu contacto no grupo de planeamento ou gestão de projetos. Essa pessoa pode muni-lo das ferramentas, modelos, *checklists* ou *software* apropriados para dar início ao projeto.

Se não houver um processo formal na sua empresa, tem de pôr o projeto em marcha por si mesmo. Comece por constituir a sua equipa e trabalhar num estatuto do projeto. Reveja o plano geral de execução que esboçou na proposta e assegure-se de que ainda é exequível. E mantenha o plano de negócio à mão. Era o roteiro inicial para o projeto e será útil tê-lo como referência ao estruturar o trabalho. Veja o *Guia HBR — Gestão de Projeto* para mais informação sobre ferramentas e modelos que ajudam a gerir eficazmente um projeto.

Conseguiu obter o apoio da organização para a solução de uma importante necessidade da empresa, mas isto é apenas o princípio. É como a construção de uma casa: escolhemos o arquiteto e os empreiteiros, concordámos com o projeto, o banco aprovou o financiamento e nós temos um cronograma aproximado e um orçamento. Mas ainda não partimos nenhuma pedra. Vem agora o verdadeiro trabalho.

APÊNDICE A

Evitar erros comuns

AO CRIAR E DEFENDER PROPOSTAS, mesmo gestores experientes, caem nestas armadilhas — mas podemos evitá-las.

Erro #1: não contemplar os objetivos da empresa

Demasiados gestores assumem que os benefícios dos projetos que propõem falam por si ou estão implícitos num ROI elevado.

Isto acontece muitas vezes nas iniciativas de TI. Tomemos, por exemplo, um chefe de projeto que quer instalar um novo sistema porque é o padrão da indústria e teme que, sem ele, a firma seja deixada para trás pela concorrência. Vai provavelmente elaborar uma proposta em que demonstra como o sistema compensará em poucos anos. Mas em que medida apoiará a estratégia da empresa? É isso que os superiores querem realmente saber, porque é isso que estão comprometidos a cumprir. Não aprovarão nada que não os ajude nessa frente. Assim, quando estiver a preparar a sua proposta, deve mostrar que está a ir ao encontro de uma necessidade da empresa que é clara e está alinhada com os seus objetivos.

Erro #2: ignorar outras perspetivas

As ideias raramente tocam apenas um departamento — no entanto, quem as propugna não considera como afetarão outros elementos da organização.

Estamos a propor um novo produto? Será produzido, promovido e vendido por colegas de outras funções, de modo que será necessária a sua adesão. Suponhamos que o produto tornará obsoletas três outras linhas: é importante prever o impacto que isso terá nos processos de fabrico, no Marketing e nas projeções de vendas. Não podemos limitar-nos a dizer: «Ah, e estas três linhas desaparecem.».

É bom envolver uma equipa multifuncional no desenvolvimento do seu plano de negócio. Incluir especialistas cujos departamentos serão afetados pela sua ideia. Partilhar com eles as suas primeiras estimativas e perguntar-lhes se refletem com exatidão o impacto nas suas equipas. E pensar sobre a sua ideia sob a perspetiva deles: como os beneficiará? Que contributo precisarão de dar? Que novos trabalhos terão de fazer? Inclua esta informação na sua proposta — a comissão de avaliação contará com ela.

Erro #3: esquecer os custos de transição e os tempos

Os gestores têm consciência, na sua maioria, de que precisam de identificar todos os custos e benefícios de um novo sistema, instalação, produto, etc. — mas muitas vezes não têm em conta o que custa efetuar a mudança.

Antes de decidirem investir ou não, os diretores precisam de ter uma noção dos custos dessa transição e do tempo que demorará realizar totalmente os benefícios indicados. Mesmo que não possa dar-lhes números exatos, deve incluir estimativas aproximadas baseadas em projetos similares. Isto mostra às partes interessadas que está a ver o quadro geral e ajuda-o a ter apoio em toda a organização (ver Erro #2). Se os seus colegas do Departamento de Qualidade souberem, por exemplo, que está a pedir dinheiro para melhorar os sistemas deles e dar formação para o lançamento do seu produto, é mais provável que subscrevam o seu plano. As quantidades podem ser ajustadas mais tarde, quando tiver uma melhor ideia do alcance do projeto.

Erro #4: escamotear os riscos

A maneira mais simples de encontrar pontas soltas num plano de negócio é perguntar «E se?» Vejo muitos executivos fartarem-se de fazer isto: «E se os nossos concorrentes se nos anteciparem? Que acontece às projeções se o nosso parceiro nos falhar? Que será preciso para termos preparado um plano de recurso?» A menos que tenha considerado adequadamente as coisas que podem correr mal, os avaliadores vão certamente perguntar-lhe por elas.

Não chega fazer uma breve referência aos riscos no fim da apresentação — ou dizer que os vai avaliar na fase seguinte do projeto. Os executivos querem ver que pensou a fundo nas contingências desde o princípio. É claro que não pode pensar em tudo para todos os cenários imagináveis, e as partes interessadas não esperam que o faça. Mas deve olhar para as possibilidades mais prováveis, à luz, especialmente, da experiência mais recente da empresa. Se o projeto requer, por exemplo, o recurso a trabalhos externos, convém considerar o que acontecerá se não encontrar um fornecedor qualificado ou se o fornecedor que escolher não cumprir os prazos.

Pode ser difícil detetar riscos só por sua conta, por isso deve nomear alguém da equipa para o ajudar. Ao elaborar a proposta, deve pedir a essa pessoa que questione as suas presunções, que pense como as partes interessadas e levante as reservas que terão.

Ou pedir a todos os membros da equipa que descubram cinco perguntas «E se?». Devem ser encorajados a pôr-se na pele da comissão de avaliação na identificação de riscos. O CEO receia que o mercado imobiliário vá outra vez afundar-se? O chefe da sua divisão está preocupado com um determinado concorrente? É o género de questões que surgirão durante a apreciação.

Erro #5: atafulhar a apresentação de jargão

Usar uma linguagem simples na apresentação evita maçar e alienar o nosso público. A malta técnica que está na sala saberá o que quer dizer com «compatibilidade retroativa» e «tecnologia de dupla camada», mas outros podem não saber. Pessoas com funções diferentes terão de opinar sobre o seu plano e se não a conseguem compreender está em maus lençóis. Para evitar este problema, peça a colegas com outras funções que leiam as suas primeiras versões, apontando quaisquer termos opacos que deverá definir ou eliminar totalmente. Em muitas firmas, os chefes apreciam as propostas em papel ou em teleconferências, por isso pode não ter ocasião de as apresentar cara a cara. Mesmo que a tenha, não terá provavelmente tempo para dar explicações longas — nem o público terá paciência para as ouvir. Um documento fica sempre a ganhar em ser claro e conciso.

APÊNDICE B

Como fazer uma apresentação de arrasar

por Chris Anderson

Nota do editor: embora dar uma *TED talk* perante um auditório grande e diverso seja diferente de apresentar uma proposta empresarial a uma mão-cheia de partes interessadas que avaliarão o nosso projeto, este artigo fornece dicas úteis sobre a elaboração e a apresentação da mensagem a transmitir.

HÁ POUCO MAIS DE UM ANO, numa visita a Nairobi, no Quénia, eu e alguns colegas conhecemos um rapazinho Masai de 12 anos chamado Richard Turere, que nos contou uma história fascinante. A família dele cria animais junto a um vasto parque nacional e um dos seus maiores desafios é proteger os animais dos leões — especialmente à noite. Richard tinha notado que colocar lâmpadas num campo não dissuadia os leões de atacar, mas quando percorria o campo com uma lanterna, os leões mantinham-se afastados. Desde muito pequeno que se interessava pela eletrónica, tendo aprendido sozinho a desmontar, por exemplo, a telefonia dos seus pais. Usou essa experiência para engendrar um sistema de luzes que se acendiam e apagavam em sequência — usando painéis

FIGURA B-1

Encontrar a combinação perfeita de informação e narrativa *por Nancy Duarte*

Relatório
Literal,
Informativo,
Factual,
Exaustivo

A maior parte das apresentações fica algures no contínuo entre um relatório e uma história. Um relatório é rico em dados, exaustivo e informativo — mas não muito empolgante. As histórias ajudam um orador a estabelecer uma ligação com o auditório, mas os ouvintes querem muitas vezes, também, factos e informações. Os grandes apresentadores fazem camadas de história e informação, como quem faz um bolo, e compreendem que diferentes tipos de palestra requerem diferentes ingredientes.

História
Dramática,
Experiencial,
Evocativa,
Persuasiva

Resultados de uma investigação
Se o seu objetivo for comunicar informação de um relatório escrito, envie antecipadamente ao auditório o documento inteiro e limite a apresentação às principais lições a tirar. Não faça uma longa projeção de slides que repitam todos os seus resultados. Quem estiver realmente interessado pode ler o relatório; os restantes agradecerão a sua brevidade.

Apresentação financeira
Os auditórios financeiros adoram dados e quererão todos os pormenores. Satisfaça esse apetite analítico com factos, mas acrescente um fio narrativo que apele ao lado emocional deles. Depois, apresente visualmente as lições a tirar, para os ajudar a dar sentido aos números.

Lançamento de um produto
Em vez de cobrir apenas especificações e funções, centre-se no valor que o seu produto acrescenta ao mundo. Conte histórias que mostrem como pessoas verdadeiras o usarão e porque mudará as suas vidas.

Apresentação CR
Para uma apresentação de capital de risco de 30 minutos, prepare um arco da história nítido e bem estruturado que transmita a sua ideia convincentemente em 10 minutos ou menos; deixe que depois sejam as perguntas e respostas a comandar o resto da reunião. Preveja as perguntas e ensaie respostas claras e concisas.

Discurso principal
As palestras formais em grandes eventos são oportunidades de alto risco e de alto impacto de levar os seus ouvintes numa viagem transformadora. Use um enquadramento da história claro e vise envolvê-los emocionalmente.

Nancy Duarte é a autora do *Guia HBR — Apresentações Persuasivas*, *Slide:ology* e *Resonate*. É CEO da Duarte Inc., que concebe apresentações e ensina desenvolvimento de apresentações.

solares, uma bateria de automóvel e os piscas de uma mota —, criando assim uma impressão de movimento que esperava que assustasse os leões. Instalou as luzes e os leões deixaram de atacar. Outras aldeias do Quénia depressa começaram a instalar «as luzes de leão» de Richard.

Aquela história era inspiradora e merecedora de um público mais amplo do que aquele que a nossa conferência TED podia oferecer, mas, à primeira vista, Richard parecia um candidato pouco provável a dar uma TED talk. Era confrangedoramente tímido. O seu inglês era hesitante. Quando tentava descrever a sua invenção, as frases tombavam-lhe da boca incoerentemente. E, francamente, era difícil imaginar um pré-adolescente num palco em frente de 1400 pessoas acostumadas a ouvir oradores tão dotados como Bill Gates, Sir Ken Robinson e Jill Bolte Taylor.

Mas a história de Richard era tão irresistível que o convidámos a falar. Nos meses que precederam a conferência de 2013, trabalhámos com ele para enquadrar a sua história — saber onde começar e desenvolver um arco de acontecimentos sucinto e lógico. Com base no seu invento, Richard tinha ganhado uma bolsa para uma das melhores escolas do Quénia, onde teve a possibilidade de treinar a sua palestra diante de uma plateia ao vivo. Era crucial que ganhasse confiança a ponto de a sua personalidade poder brilhar. Quando finalmente proferiu a palestra na TED, em Long Beach, via-se que estava nervoso, mas isso só o tornou mais cativante — as pessoas estavam suspensas em cada palavra sua. A confiança estava lá e sempre que Richard sorria, o auditório derretia-se. Quando acabou, a reação foi instantânea: uma longa ovação de pé. Desde a primeira conferência TED, 30 anos antes, os oradores têm sido desde figuras políticas, músicos e personalidades da TV que estão completamente à vontade perante uma multidão até académicos, cientistas e escritores menos conhecidos — alguns dos quais se sentem profundamente desconfortáveis em fazer apresentações. Temos tentado, ao longo dos anos, desenvolver um processo para ajudar os apresentadores inexperientes a formular, praticar e proferir palestras a que as pessoas tenham prazer em assistir. Começa normalmente seis a nove meses antes do acontecimento e implica ciclos de conceção (e revisão) do guião, ensaios repetidos e muitas afinações. Estamos constantemente a refinar a nossa abordagem — porque a arte de falar em público está a evoluir em tempo real —, mas a julgar pela reação do público, o nosso regime de base funciona bem: desde que começámos a publicar as palestras TED online, em 2006, foram vistas mais de mil milhões de vezes. Segundo a nossa experiência, estou convencido de que dar uma boa palestra é altamente treinável. Em questão de horas, o conteúdo e o desempenho de um orador podem ser transformados de trapalhões em hipnóticos. E embora a experiência da minha equipa se tenha centrado no formato TED de 16 minutos ou menos, as lições que aprendemos são seguramente úteis para outros apresentadores — seja o CEO que está a fazer a apresentação de uma OPV, um gestor de marcas descerrando um novo produto ou uma *startup* em busca de capital de risco.

Enquadrar a nossa história

Não há nenhuma forma de fazer uma boa palestra se não tivermos alguma coisa de que valha a pena dizer. Conceptualizar e enquadrar o que queremos dizer é a parte mais vital da preparação.

Todos sabemos que os humanos estão programados para ouvir histórias e abundam as metáforas das estruturas narrativas que melhor servem para cativar as pessoas. Quando penso em apresentações eloquentes, penso em levar o auditório numa viagem. Uma palestra bem-sucedida é um pequeno milagre — as pessoas depois veem o mundo de maneira diferente.

Se formatarmos a palestra como uma viagem, as maiores decisões são descobrir onde começar e onde acabar. Para encontrar o sítio certo para o começo, consideremos o que as pessoas que nos ouvem já sabem sobre o assunto — e quanto este lhes importa. Se assumirmos que têm mais conhecimento e mais interesse do que têm, ou se começarmos a usar jargões ou nos tornamos muito técnicos, vamos perdê-las. Os oradores mais cativantes fazem um trabalho soberbo em introduzir muito rapidamente o tópico, explicar porque lhes importa tão profundamente e convencer os membros do auditório de que também lhes deve importar.

O maior problema que vejo nos primeiros rascunhos de apresentações é que tentam cobrir terreno a mais. Não é possível resumir uma carreira inteira numa única palestra. Se tentarmos enfiar nela tudo aquilo que sabemos, não teremos tempo para incluir pormenores-chave e a nossa palestra desvanecer-se-á numa linguagem abstrata que poderá fazer sentido para os ouvintes que já estão familiarizados com a matéria, mas será completamente opaca para aqueles para quem for novidade. Serão precisos exemplos específicos para dar corpo às nossas ideias, de modo que devemos limitar o âmbito da nossa palestra àquilo que pode ser explicado e ganhar vida com exemplos, dentro do tempo disponível. Muito do *feedback* inicial que damos aos oradores visa corrigir o impulso a um perímetro demasiado vasto. Em vez disso, o orador deverá ir mais fundo. Dar mais pormenores. Não nos falar de todo o campo de estudo — falar-nos do seu singular contributo. Pode ser igualmente pernicioso, é claro, explicar de mais ou expor meticulosamente todas as implicações da palestra. E, aí, o remédio é diferente: lembrarmo-nos de que as pessoas no auditório são inteligentes. Elas que percebam algumas coisas por si mesmas e que retirem as suas próprias conclusões.

Muitas das melhores palestras têm uma estrutura narrativa que segue aproximadamente a de um romance policial. O orador começa por apresentar um problema e depois descreve a busca da sua solução. Há um momento «eureka» e a perspetiva dos ouvintes muda de uma maneira significativa.

Se uma palestra falha, é quase sempre porque o orador não a formatou corretamente, ajuizou mal o nível de interesse do auditório ou não contou uma história. Mesmo que o tópico seja importante, um pensamento disperso, sem narrativa, é sempre profundamente insatisfatório. Não há progressão e não temos a sensação de estarmos a aprender alguma coisa.

Estive recentemente numa conferência sobre energia em que duas pessoas — um presidente de câmara e uma antiga governadora — fizeram palestras seguidas. A palestra do presidente de câmara foi essencialmente uma lista de projetos impressionantes que a sua cidade tinha empreendido. Deu uma impressão de estar a gabar-se, como uma caderneta de cromos ou publicidade para a sua reeleição. Depressa se tornou maçadora. Quando falou a governadora, não enumerou realizações; em vez disso, partilhou uma ideia. Sim, relatou episódios do seu tempo no cargo, mas a ideia é que era o centro — e as histórias explicativas ou ilustrativas (e também engraçadas). Foi muitíssimo mais interessante. O principal ponto subjacente do presidente de câmara pareceu ser que bom que ele era, enquanto a mensagem da governadora era: «Aqui está uma ideia convincente que nos beneficiaria a todos».

Regra geral, as pessoas não estão muito interessadas em palestras sobre organizações ou instituições (a não ser que sejam membros delas). As ideias e as histórias fascinam-nos; as organizações aborrecem-nos — é muito mais difícil identificarmo-nos com elas. (Malta das empresas, tomem especial nota: não gabem a vossa empresa; falem-nos, antes, do problema que estão a resolver.)

Planeie a sua atuação

Uma vez assente o enquadramento, é tempo de nos concentrarmos na nossa atuação. Há três formas essenciais para fazer uma palestra. Pode ler-se diretamente um texto ou lê-lo no teleponto. Pode criar-se um conjunto de pontos que mapeiam o que vamos dizer em cada secção em vez de ter tudo escrito palavra por palavra. Ou podemos decorar a nossa palestra, o que implica ensaiar até ao ponto em que assimilámos todas as palavras — *ipsis verbis*.

O meu conselho: não leia um papel e não use um teleponto. Normalmente distancia-nos bastante — as pessoas percebem que estamos a ler. E assim que se aperceberem disso, a maneira como recebem a sua palestra mudará. Evapora-se repentinamente a nossa relação íntima e tudo parece muito mais formal. Geralmente banimos as leituras em qualquer espécie de TED, embora tenhamos aberto uma exceção há uns anos para um homem que insistiu em usar um monitor. Instalámos um ecrã no fundo do auditório, na esperança de que o público não desse pela presença dele. A princípio, o orador falou com naturalidade, mas depressa foi ficando mais inteiriçado e via-se perpassar nos assistentes, à medida que as pessoas se davam conta do que se passava, aquele horrível sentimento: «Oh, não, está a ler um texto!» As palavras eram ótimas, mas a palestra teve muito más classificações.

É óbvio que nem todas as apresentações são dignas de que se invista nelas tanto tempo. Mas se decidir aprender de memória a sua palestra, tenha consciência de que existe um arco previsível na curva da aprendizagem. A maior parte das pessoas atravessa aquilo a que chamo o «vale do desconforto», em que ainda não decoraram bem a palestra. Se pronunciarem a palestra enquanto ainda estão atascados nesse vale, o auditório senti-lo-á. As palavras parecerão recitadas ou haverá momentos dolorosos em que o orador olha para a meia distância ou levanta os olhos, lutando para se lembrar das suas frases. Isto cria distância entre o orador e o público assistente.

Ultrapassar esse ponto é simples, felizmente. É só questão de ensaiar muitas vezes até que o fluxo de palavras se torna uma segunda pele. Depois podemos concentrar-nos em infundir significado e autenticidade na palestra. Não se preocupe — lá chegará.

Se não tiver tempo para aprender a fundo um discurso e ultrapassar esse vale desconfortável, não tente. Opte por pontos em cartões de notas. Desde que saiba o que quer dizer a respeito de cada um, correrá tudo bem.

Preste atenção, também, ao seu tom. Alguns oradores podem querer dar uma impressão de autoridade ou sabedoria ou potência ou paixão, mas normalmente é muito melhor ser apenas coloquial. Não forçar. Não arengar. Sermos apenas nós próprios.

Se uma palestra bem-sucedida é uma viagem, assegure-se de que não começa a irritar os seus companheiros de jornada durante o caminho. Alguns oradores projetam ego a mais. Dão uma impressão de condescendência ou de estarem cheios de si e o auditório fecha-se. Não deixe isto acontecer.

Desenvolva a presença em palco

Para oradores inexperientes, o ato físico de estar em palco pode ser a parte mais difícil de fazer uma apresentação — mas as pessoas tendem a sobrestimar a sua importância. Acertar nas palavras, na história e na substância é um fator determinante do êxito ou do fracasso muito maior do que a nossa maneira de nos colocarmos ou estarmos visivelmente nervosos. E no que se refere a presença em palco, um bocadinho de *coaching* vai longe.

O maior erro que vemos nos primeiros ensaios é que as pessoas mexem muito o corpo. Balançam de um lado para o outro ou apoiam o seu peso ora numa perna ora noutra. As pessoas fazem isto naturalmente quando estão nervosas, mas distrai o público e faz o orador parecer fraco. Conseguir que uma pessoa mantenha a parte inferior do corpo imóvel pode melhorar dramaticamente a presença em palco. Há algumas pessoas que são capazes de andar de um lado para o outro no palco durante uma apresentação, e tudo bem, desde que seja natural. Mas a vasta maioria faz melhor em estar quieta e recorrer aos gestos das mãos para dar ênfase.

Talvez o ato físico mais importante em palco seja o contacto visual. Descubra cinco ou seis pessoas de aspeto amistoso em diferentes partes do auditório e olhe-as nos olhos enquanto fala. Pense nelas como amigos que não vê há um ano, que está a tentar pôr ao corrente do seu trabalho. Esse contacto visual é incrivelmente poderoso e fará mais do que qualquer outra coisa para ajudar a sua palestra a assentar. Mesmo que não tenha tempo para se preparar completamente e tiver de ler de um guião, levantar os olhos e estabelecer um contacto visual fará uma enorme diferença.

Outra grande barreira para oradores inexperientes é o nervosismo — tanto antes da palestra como enquanto estão em palco. As pessoas lidam com ele de maneiras diferentes. Muitos oradores ficam entre os assistentes até ao momento de entrar em cena; isto pode dar resultado, porque manter a cabeça ocupada com os primeiros oradores pode distrair-nos e limitar o nervosismo. Amy Cuddy, professora da Harvard Business School que estuda como certas poses corporais podem afetar a potência, utiliza uma das mais invulgares técnicas de preparação que alguma vez vi. Recomenda que as pessoas passem algum tempo antes da palestra a passear, endireitando-se e esticando o corpo; essas poses fazem-nos sentir poderosos. Foi o que ela fez antes de subir ao palco e proferiu uma palestra fenomenal. Mas julgo que o melhor conselho de todos é respirar fundo antes de subir ao palco. Funciona.

As pessoas, em geral, preocupam-se demais com o nervosismo. Os nervos não são uma catástrofe. O público espera que estejamos nervosos. É uma reação natural do organismo que, na verdade, até pode melhorar o nosso desempenho. Dá-nos energia para atuar e mantém-nos a cabeça fresca. É só continuar a respirar e correrá tudo bem.

Reconhecer o nervosismo pode também criar simpatia. Mostrar a nossa vulnerabilidade, seja através dos nervos seja pelo tom de voz, é uma das maneiras mais poderosas de conquistar o auditório, desde que seja com autenticidade. Susan Cain, que escreveu um livro sobre pessoas introvertidas e falou na nossa conferência de 2012, estava aterrorizada por ter de proferir a palestra. Sentia-se a sua fragilidade em palco e criou uma dinâmica em que os assistentes torciam por ela — toda a gente queria dar-lhe um abraço a seguir. O facto de ela estar a lutar para se manter lá em cima tornou a palestra fantástica, sendo a palestra mais popular do ano.

Muitas das melhores e mais populares *TED talks* foram decoradas de uma ponta à outra. Se estiver a dar uma palestra importante e tiver tempo para fazer isso, é a melhor opção. Mas não subestime o trabalho que implica. Uma das nossas oradoras mais memoráveis foi Jill Bolte Taylor, uma neurocientista que tinha sofrido uma trombose. Falou sobre o que tinha aprendido durante os oito anos que levou a restabelecer-se. Depois de ter preparado a sua história e de se ter dedicado a muitas horas de treino a sós, ensaiou a palestra dúzias de vezes diante de outros auditórios para ter a certeza de que a dominava.

Planeie os multimédias

Com tanta tecnologia ao nosso dispor, pode parecer quase obrigatório usar, no mínimo, *slides* de apresentação. Por esta altura, a maior parte das pessoas já ouviu os conselhos sobre o PowerPoint: ser simples, não usar um conjunto de *slides* como substituto de notas (listando, por exemplo, os pontos de que falaremos — é melhor pô-los em cartões de notas); e não repetir em voz alta palavras que estão no *slide*. Não só recitar *slides* é uma variação do problema do teleponto — «Oh, não, também está a ler um texto!» —, mas a informação só é interessante uma vez e ouvir e ver ao mesmo tempo as mesmas palavras parece repetitivo. Estes conselhos podem parecer de aplicação universal neste momento, mas basta entrar em qualquer empresa para ver apresentadores a violá-los todos os dias.

Muitos dos melhores oradores da TED não usam sequer *slides* e muitas palestras não os requerem. Se tiver fotografias ou ilustrações que deem vida ao tópico, então, sim, use-os. Se não for o caso, pondere prescindir deles, pelo menos para algumas partes da sua apresentação. E se vai usar *slides*, vale a pena explorar alternativas ao PowerPoint. A TED, por exemplo, investiu na empresa Prezi, que produz um *software* para apresentações que proporciona a visão cinematográfica de uma paisagem a duas dimensões. Em vez de uma sucessão plana de imagens, podemos mover-nos dentro da paisagem e aproximar-nos em *zoom* se for necessário. Usadas apropriadamente, essas técnicas podem reforçar de forma dramática o impacto visual de uma palestra e aumentar o seu significado.

Artistas, arquitetos, fotógrafos e designers são quem tem a melhor oportunidade de usar elementos visuais. Os *slides* ajudam a enquadrar e marcar o ritmo de uma palestra e ajudar os oradores a evitarem perder-se em linguagens especializadas ou excessivamente intelectuais. (Pode ser difícil falar de arte — é melhor experimentá-la visualmente.) Já vi apresentações estupendas em que o artista ou designer pôs os slides em temporizador automático para que a imagem mudasse de 15 em 15 segundos. Também já vi apresentadores dar uma palestra acompanhada por vídeo, falando a par dele. Isto pode ajudar a sustentar o ritmo. A *TED talk* altamente visual do designer industrial Ross Lovegrove, por exemplo, usou esta técnica para levar consigo o auditório numa notável jornada criativa.

Uma outra abordagem que as pessoas de tipo criativo podem considerar é incluir o silêncio nas suas palestras e deixar a obra falar por si mesma. O escultor cinético Reuben Margolin usou essa abordagem com grande efeito. A ideia é não pensar «Estou a dar uma palestra». Pensar, em vez disso, «Quero dar a este público uma experiência potente do meu trabalho». A pior coisa que artistas e arquitetos podem fazer é refugiar-se numa linguagem abstrata ou conceptual.

O vídeo tem uma óbvia utilidade para muitos oradores. Numa palestra TED sobre a inteligência dos corvos, por exemplo, o cientista mostrou umas imagens de um corvo a dobrar um anzol para pescar um bocado de comida de um tubo — essencialmente, a criar uma ferramenta. Ilustrou o seu argumento muito melhor do que qualquer coisa que pudesse ter dito.

Bem usado, o vídeo pode ser muito eficaz, mas há certos erros comuns que devem ser evitados. Precisa de ser curto — se durar mais de 60 segundos, arriscamo-nos a perder a audiência. Não use vídeos — em especial de empresas — que pareçam autopromocionais ou informação publicitária; as pessoas estão condicionadas a desligar. Tudo o que tiver banda sonora pode ser perigosamente desconcertante. E seja o que for que faça, não mostre imagens suas a ser entrevistado na CNN, por exemplo. Já vi oradores fazerem isto — e é mesmo uma má ideia —, ninguém quer alinhar connosco numa sessão de autopromoção. As pessoas da assistência já nos estão a ouvir ao vivo; porque haverão de querer ver-nos simultaneamente em imagens de busto parlante num ecrã?

Como se faz

Começamos a ajudar os oradores a preparar as suas palestras com seis meses (ou mais) de antecedência, para terem mais do que tempo para treinar. Queremos que as palestras estejam na sua versão final um mês, pelo menos, antes do acontecimento. Quanto mais praticarem nas últimas semanas, melhor se sairão. Idealmente, treinarão a palestra por sua conta e diante de um público.

A parte complicada de treinar uma apresentação diante de outras pessoas é que elas se sintam obrigadas a dar *feedback* e críticas construtivas. Muitas vezes o *feedback* de diferentes pessoas variará ou será diretamente contraditório. Isto pode ser desconcertante ou até paralisante, razão pela qual importa ser seletivo quanto às pessoas que usamos como assistência de teste e a quem convidamos a dar-nos opiniões. Em geral, quanto mais experiência uma pessoa tiver como apresentador, mais útil será a crítica que pode dar-nos.

Aprendi muitas destas lições à minha própria custa em 2011. O meu colega Bruno Giussani, que é o curador da nossa *TED Global*, assinalou-me que, embora eu trabalhasse na TED há nove anos, tivesse sido mestre de cerimónias nas nossas conferências e apresentado muitos dos oradores, nunca tinha de facto dado eu mesmo uma palestra TED. De modo que me convidou a dar uma e eu aceitei.

Foi mais *stressante* do que tinha esperado. Muito embora passe o tempo a ajudar outros a formularem as suas histórias, fazer o mesmo à minha, de uma maneira que considerasse cativante, foi difícil. Decidi decorar a minha apresentação, que era acerca de como a *web* de vídeo alimenta a inovação global e era realmente difícil: muito embora eu lhe estivesse a dedicar muitas horas e a receber bons conselhos dos meus colegas, cheguei decididamente a um ponto em que ainda não a tinha bem aprendida e comecei a duvidar se alguma vez conseguiria dominá-la. Pensei realmente que podia ser um estrondoso fracasso. Estive nervoso até ao próprio momento de subir ao palco. Mas acabou por correr muito bem. Não é, decididamente, uma das melhores palestras TED de todos os tempos, mas obteve uma reação positiva — e eu sobrevivi ao *stress* de passar por ela.

Em última análise, aprendi em primeira mão o que os nossos oradores têm vindo a descobrir nas últimas três décadas: as apresentações sobem ou caem pela qualidade da ideia, a narrativa e a paixão do orador. Tem que ver com a substância, não com o estilo oratório nem com a pirotecnia multimédia. É bastante fácil debelar por meio do *coaching* os problemas de uma palestra, mas não há maneira de introduzir pelo *coaching* a história de base — o apresentador tem de ter a matéria-prima. Se tivermos alguma coisa que dizer, podemos construir uma grande palestra. Mas se faltar o tema central, mais nos vale não falarmos; declinar o convite e esperar até ter uma ideia convincente que valha mesmo a pena partilhar.

A coisa mais importante a ter presente é que não há uma única boa maneira de fazer uma palestra. As palestras mais memoráveis oferecem alguma coisa nova, alguma coisa que ninguém tenha visto antes. As piores são aquelas que parecem estereotipadas. De modo que, sob nenhum pretexto, deva emular todos os conselhos que aqui se oferecem. Assuma o grosso deles, sim, mas faça da palestra a sua palestra. Sabe o que o distingue a si e à sua ideia. Sirva-se dos seus pontos fortes e dê uma palestra em que seja verdadeiramente fiel a si próprio.

Chris Anderson é curador da TED.

Reproduzido da *Harvard Business Review*, junho de 2013 (produto #R1306K)

Glossário

Beneficiários. Aqueles que, dentro ou fora de uma organização, vão ganhar com o projeto ou iniciativa que estamos a propor.

Ponto de *breakeven*. Ponto de equilíbrio ou método de calcular o ROI que determina quantas unidades de um produto precisamos de vender para pagar o projeto.

Despesas de capital. Dinheiro gasto para adquirir ou desenvolver um ativo — que depois se deprecia, ou diminui de valor, ao longo da sua vida.

Taxa Interna de Retorno (TIR). Método de calcular o ROI que mostra o valor de investimento de um projeto — essencialmente, a percentagem do retorno que obteríamos investindo o mesmo montante num certificado de depósito que tivesse o mesmo desempenho.

Valor atual líquido (VAL). Método de calcular o ROI que exprime o valor de um investimento a longo prazo em dinheiro de hoje.

Custos operacionais. Montante do dinheiro necessário para manter o resultado do projeto que estamos a propor. Inclui despesas correntes e despesas fixas como pessoal, espaço de escritórios e honorários de manutenção e licenciamento.

Período de recuperação do investimento. Método de calcular o ROI que mostra quantos meses ou anos serão necessários para reaver o dinheiro investido.

Poupanças de produtividade. Custos que se evitam através de uma maior eficiência. Alcançam-se ou pela mudança do custo base do produto (com materiais mais baratos, por exemplo) ou cortando as despesas gerais (despesas correntes que derivam de como gerimos a empresa).

Despesas do projeto. Custos por uma só vez de executar o trabalho à cabeça de um projeto, como desenvolvimento, testes, formação e colocação e deslocações.

Prova do conceito. Um pequeno projeto-piloto que põe à prova a nossa hipótese sobre a necessidade que a empresa tem de um projeto antes de desenvolver a apresentar a solução.

Retorno do Investimento (ROI). Uma estimativa do valor do projeto. Pode ser medido de quatro maneiras que o calculam usando o fluxo de custos e receitas ao longo do tempo: ponto de *breakeven*, período de recuperação do investimento, valor atual líquido e taxa interna de retorno.

Receitas. Dinheiro trazido à organização pelas vendas.

Partes interessadas. Pessoas com autoridade para aprovar ou rejeitar a nossa proposta de projeto.

Custos irrecuperáveis. Dinheiro que a nossa organização já gastou num projeto e nunca recuperará.

Processo de portagens. Aprovação de projetos em várias fases, permitindo às partes interessadas decidir fase a fase se empenhar ou não mais recursos.

Índice remissivo